JN179971

前方後円墳の暗号

関 裕二

前方後円墳の暗号

関 裕二

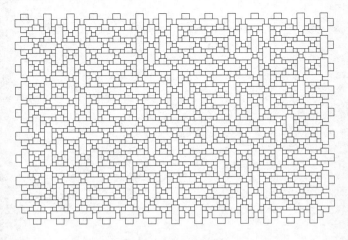

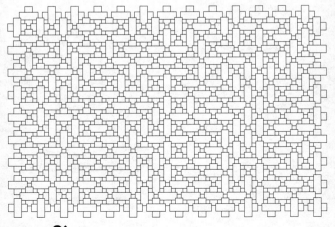

講談社+α《プラスアルファ》文庫

はじめに

古墳が密かな人気を博している。

古墳グッズ（古墳クッションなど）が、よく売れているらしい。しかも、老若男女、これまで古代史に興味の無かった人たちも、古墳に目覚めつつあるというではないか。

なぜ、古墳ブームなのだろう。

まず、アニメ「古墳ギャルのコフィー」の影響力が大きかったと思う。専門家や愛好家しか知らなかったさまざまな古墳の形が、そのままキャラクターとなって「オトナのジョーク」で笑わせてくれたのだ。給湯室のＯＬが、まさか四隅突出型《よすみとっしゅつがた》墳丘墓《ふんきゅうぼ》の話題で盛りあがることなど、誰が想像していただろう。

それから、「古墳にコーフン協会」の古墳シンガー「まりこふん」会長の活躍も大きいのかもしれない。拙宅近くの上円下方墳《じょうえんかほうふん》（東京都府中市の熊野神社古墳《くまのじんじゃ》）でも、パフォーマンスをくり広げてくださった（感謝、感謝）。

たしかに、前方後円墳《ぜんぽうこうえんふん》の形って、ユニークだ。しかも古代人は、四隅突出型墳丘墓や、円墳《えんぷん》、方墳《ほうふん》、前方後方墳《ぜんぽうこうほうふん》（前も後ろも四角）などなど、自由な発想で、想像を絶する巨大な墓を築いていたのだ。世界を見渡しても、これだけ個性的な墓を造っていた民族は、他に例をみない。日本人もようやく、「不思議な国の御先祖様たち」の奇抜な行動に、興味を示し始めたというところだろうか。

ただし、このブーム、一過性で終わらせてはならない。古墳の面白さは、「ユニークな形」だけではないことも、わかってほしい。

たとえば、前方後円墳は、世界で最も面積の大きい墳墓だ。最大の前方後円墳は、大仙陵《だいせんりょう》古墳（仁徳天皇陵《にんとくてんのうりょう》。大阪府堺市《さかいし》）で、墳丘の長さは四八六メートル、高さ三五・八メートル（後円部）、前方部幅三〇七メートル、後円部径二四九メートルだ。これは、ちょっとした山ではないか。ちなみに、エジプトのクフ王のピラミッドは、高さ一四六メートルと、天を突くような大きさだが、基底部《きていぶ》の一辺の長さは二三〇メートルで、面積という点でいうと、大仙陵古墳に軍配が上がる。

なぜ日本列島で、巨大墳墓を造営できたのだろう。「日本の文化文明は、すべて朝鮮半島からもたらされたものだ」と信じてきた方も少なくないはずだ。しかし、朝鮮半島には、前方後円墳のような巨大な墳墓は存在しない。ここに、大きな謎がある。

それだけではない。「巨大古墳は、搾取《さくしゅ》にほかならない」と憤慨される方も多かろう。だが前方後円墳は、三世紀から六世紀末（関東地方では七世紀初頭）まで造られた。もし仮に、前方後円墳造営が苦役《くえき》だとしたら、民衆にとって、これほど迷惑なことはなかっただろう。ならば、なぜ人々は、反旗を翻さなかったのだろう。はたして、三百年、四百年もの間、暴君が君臨できるものだろうか。

古代史には、三つの大きな転換期があったと考えられている。それが、三世紀、五世紀、七世紀だ。その都度、なぜ「前方後円墳体制」は、守られたのだろう。

三世紀は、邪馬台国《やまたいこく》からヤマト建国が成し遂げられ、五世紀は王家の力が強まり（一説に河内《かわち》政権が旧王家を滅ぼしたといい）、また五世紀後半には、中央集権化への改革がはじまり、七世紀には、大化改新《たいかのかいしん》（六四六）によって、天皇を中心とした律令《りつりょう》国家への準備が始まったと信じられている。そして、この「日本がまとまり、発展するもっとも大切な三世紀から七世紀初頭までの間」に、前方後円墳が造られ続けていた事実を、無視することはできない。これがいわゆる、古墳時代だ。

古墳は、ただたんに、不思議な形をしていて巨大だから面白いのではない。何百年にもわたってこんな馬鹿げたものを造り続けてきたところに、大きな秘密が隠されていたとはいえないだろうか。だってそうだろう。もし同じ物をこの先三百年も造り続けなければならないと想像すれば、めまいがしてくるだろう。

古墳が分かれば古代史が分かる。古代史が分かれば日本人の正体を解き明かすことができる。われわれはどこからやってきたのか、われわれはどこに行こうとしているのか、古墳を探ることで、謎は解けるはずだ。

弥生時代は戦乱の時代で、戦国時代のように、各地に防禦《ぼうぎょ》のための高地性集落が造られた。中国の歴史書に「倭国大乱《わこくたいらん》」と特記されたほどだ。ところが、前方後円墳が造営されるようになると、混沌とした社会情勢は、一気に沈静化する。魔法のように、戦争は収束していったのだ。そして、中央集権国家への助走が始まるのを見届けるように、前方後円墳や巨大古墳は、姿を消していく……。

また、律令制度が整い、巨大墳墓を造営する時代が終わると、人々はなぜか突然、「昔はよかった」「あの時代に戻りたい」と、口々に唱え、古き良き時代に恋焦がれていたのだ。

いったい、古墳の時代とはなんだったのだろう。古墳とは、前方後円墳とは、なんだったのか。この謎に迫ってみたい。

『前方後円墳の暗号』◉目次

第三章　古墳誕生と物部氏の謎

第四章　前方後円墳と太陽信仰

第一章
古墳と水のまつり

小高い丘や山にしか見えない前方後円墳

忘れもしない、高校二年の夏（今から、四十年ほど前のことだ）、クラスメートの大越君が、「奈良連れてって」と、声をかけてきた。テレビでやっていた前方後円墳のドキュメンタリーを観て感動し、ぜひ直接本物を見てみたいというのだ。なぜ小生がガイドに選ばれたかというと、仏像好きで、休みのたびに奈良に通っていたからだ。

当時、「オヤジっぽい趣味」は、誰にも理解してもらえなかった。当時は、仏像など、ほとんど注目されていなかったし、日本の文化など亜流で、仏教美術も世界の一流品には到底手が届かない、レベルが低い美術品と、世間一般では考えられていたのだ。

「仏像好きな、暗い男」は、変人扱いを受けていた。だから「奈良に行きたい」という大越君の申し出を、二つ返事で引き受けたものだ。

奈良で古墳といえば、まっ先に思いついたのは、山辺《やまのべ》の道だった。奈良市から桜井《さくらい》市まで、ヤマト黎明期《れいめいき》の遺跡や古墳が目白押しだ。纏向《まきむく》遺跡や箸墓《はしはか》（箸中山《はしなかやま》古

崇神天皇陵（行燈山古墳・奈良県天理市）

墳）、崇神天皇陵《すじんてんのうりょう》、景行《けいこう》天皇陵の脇を縫うように通っていく。これは感動してもらえるにちがいない。

しかし、あにはからんや、大越君の感想は、意外なものだった。

「古墳は、ただの丘じゃないか。こんもり緑の茂る、ため池に囲まれたどこにでもある丘にしか見えない」

と、がっかりしている。

大越君がイメージしていたのは、テレビクルーがヘリコプターに乗って上空から活写した、「誰にでも前方後円墳と判る航空写真（映像）」であり、地べたから見上げる前方後円墳ではなかったのだ。

崇神天皇陵も、そこそこ大きい古墳だ

が、たとえば大阪の誉田御廟山《こんだごびょうやま》古墳（応神《おうじん》天皇陵。大阪府羽曳野《はびきの》市）や大仙陵古墳（仁徳天皇陵。大阪府堺市）クラスになれば、下から見上げたにしても、「なんだこの山のような大きさは」と、度肝を抜かれただろう。山辺の道の古墳群は、中途半端で目立たなかった。小高い丘に囲まれ、背後に山並みが迫るというハンディキャップがあったからだ。箸墓などは空から見下ろせば、秀麗な姿を見せるのだが……。

大越君はこうして失意の中、奈良を離れた。なにやらこちらが申し訳なく思ってしまったが、けれども彼は球児だったから、「生で観てみたい」と、兵庫県に向かい、人生初の甲子園を堪能したのだった。大越君のもうひとつの目的は、こうして適い、少しはホッとした。

ところで、「古墳」「前方後円墳」といえば、深い緑に覆われ、「やはり日本人の信仰にマッチする」と思われがちだが、最初から木が植わっていたわけではない。

パンクでロックな前方後円墳

大越君と小生が前方後円墳を求めて山辺の道を呑気《のんき》に散策していたちょうど同じ

ころ、当時としては斬新な発想で、前方後円墳を誕生当時の姿に復元するという事業が進められていた。それが、四世紀末から五世紀初頭の五色塚《ごしきづか》古墳（兵庫県神戸市垂水《たるみ》区）で、昭和四十年（一九六五）から昭和五十年（一九七五）にかけて、荒れていた古墳が、一変したのだった。

遺跡と接するように山陽電鉄本線が走り、さらにその南側には山陽本線が走っている（山陽新幹線は北側の離れた場所）。通勤客は、日々変化していく前方後円墳の姿に、驚いたにちがいない。

まず、前方後円墳といえば豊かな森に包まれているのが普通だ。そこで、造営当時の前方後円墳も、似たようなものだと、錯覚してしまう。ところが、復元された五色塚古墳の斜面に、びっしりと葺石《ふきいし》が並べられ、銀色に輝いていたのだ。「メタリック」な光芒《こうぼう》を放つ古墳の威容に、みな驚いたのではなかったか。

そうなのだ。もし崇神天皇陵が葺石で覆われている姿を大越君が目撃していたら、「古代はパンクだった!! ロックだった!!（石だけに?）」と、目からウロコだったかもしれない。神社は森に覆われているからこそ、神聖な場所と考えられてきた。だから、当然古墳も、深い森の中にあるのだろうと、勝手に思い込んでいたのだ。しかし、つくられた当時の古墳は、現代人の目から見ても、異様である。斬新なのだ。日本人は「石の文化」に慣れていないから、大越君も大きな驚きを感じるにちがいなかったのだ。

兵庫県の五色塚古墳の面白さは、ピカピカのほかにもうひとつある。すぐ目の前が海（瀬戸内海）で、しかもすぐ対岸が淡路島だったことだ。

兵庫県と四国は大きな橋で結ばれるようになったが、古代の海人《あま》たちは自在に艪《ろ》を操り、両岸を結んでいたのだろう。その、海人たちを威圧するかのように、五色塚古墳は「そこにある」。

出雲《いずも》の西谷墳墓群《にしだにふんぼぐん》（島根県出雲市）や丹後《たんご》半島の網野銚子山《あみのちょうしやま》古墳と同じように、五色塚古墳は海を見下ろし、行き交う海人たちは墳墓を見上げていた。誰がこの地域の王だったのか、それをはっきりさせようとしているかのようだ。

ほとんどの古墳は、よく見える場所にある。古代の首長は、目立ちたがり屋だったのだろう。このあと触れる日本最大の大仙陵古墳も、今でこそ内陸部にあるが、古くは海岸線から約一六〇〇メートルの地点で、航行する船から眺めることができたらしい。また、この古墳に立てば、大阪湾が一望できたわけである。

ところで、五色塚古墳の復元に触発されたのか、その後いくつかの古墳が、誕生当時そのままの姿に復元されている。お薦めは、森将軍塚《もりしょうぐんづか》古墳（長野県千曲《ちくま》市）、

八幡塚《はちまんづか》古墳（群馬県高崎市）、心合寺山《しおんじやま》古墳（大阪府八尾《やお》市）、西都原《さいとばる》古墳群（宮崎県西都《さいと》市）などだ。

この中で色彩的にもっともきれいなのは、森将軍塚古墳だ。景色も抜群によく、善光寺平《ぜんこうじだいら》（長野市周辺）が一望のもとに見渡せる。

群馬県高崎市の八幡塚古墳には、史料館（かみつけの里博物館）が付随していて、展示物が充実している。また、八幡塚古墳の円墳部に立てば、北関東の山並みが迫っていて、山々のパワーを一身に集められるような錯覚に陥る。それはともかく……。

古墳をめぐる根本的な謎

そこで、古墳にまつわる根本的な謎を考えてみよう。

古墳時代は、三世紀後半（あるいはもう少し時代は下る）から六世紀末（関東は七世紀初頭）に至る間を指している。要するに、前方後円墳が造られた時代だ。前方後円墳の造営が終わったあとも、八世紀初頭まで、方形や円墳などの古墳は造られていた。その総数は、二十万基以上に上っている。驚異的な数字ではないか。

大仙陵古墳（仁徳天皇陵・大阪府堺市）

なぜこれだけ長い間、多くの巨大な古墳を造営することができたのだろう。王や大王《おおきみ》（のちの天皇）、そして各地の首長たちは、それほど大きな権力を握っていたのだろうか。民は、奴隷のように働いたのだろうか。もしそれが本当なら、なぜ三百年、四百年の間、反乱が起きなかったのだろう。

最大の前方後円墳で世界三大墳墓のひとつに数えられる百舌鳥《もず》古墳群の大仙陵古墳（大阪府堺市）は三重の濠に囲まれ（元々は二重）、墳墓本体の長さは四八六メートル、後円丘の高さは三五・八メートルある。墳丘の総容量は、一四〇万五八六六立方メートルという試算がある。一〇トンダンプ二十五万台に相当する。

関西新空港の埋め立て事業を上まわっていた。

この大量の「盛り土」は、二重の濠を一〇メートル掘削《くっさく》すれば得られるが、全部が濠の土ではなかったようで、近くの土地を掘っていた痕跡がみつかっている。不自然な窪地《くぼち》が存在するのだ。いずれにせよ、想像を絶する大工事だ。しかも、人力なのだから、現代人には理解できない。

ところで、大林組はプロジェクトを立ち上げ、大仙陵古墳を現代工法と古代工法のふたつで再現し、差を比較したのだった（『復元と構想　歴史から未来へ』加藤《かとう》秀《ひで》俊《とし》・川添《かわぞえ》登《のぼる》・小松左京監修　大林組編　東京書籍）。

工期は、現代工法で二年六ヵ月、古代工法で十五年八ヵ月。必要とされる作業員数は、現代工法で延べ二万九千人、古代工法で、六百八十万七千人。総工費は、現代工法で二十億円、古代工法で七百九十六億円と見積もられた。やはり、たいへんな作業だ。

なぜここまでして、巨大古墳を造る必要があったのだろう。そして、やはり、これを造り上げた民衆が、なぜ何百年も従順に従い、反乱が起きなかったのか、不思議でならないのである。

できないと思っていたら完成した前方後円墳

古代史を知るためには、考古学史料と、もうひとつ文献史料という貴重な証言がある。とくに西暦七二〇年に編纂された現存最古の正史『日本書紀』（ちなみに、『古事記』は正史ではない）に、古墳造営の話が残されている。

『日本書紀』崇神《すじん》十年九月条に、御諸山《みもろやま》（奈良県桜井市の三輪山《みわやま》）に祀《まつ》られる出雲神・大物主神《おおものぬしのかみ》の妻となった倭迹迹日百襲姫命《やまとととびももそひめのみこと》の悲劇が語られている。ちなみに、第十代崇神天皇は実在の初代王と考えられている。だから、この話は、三世紀から四世紀前半にかけてのヤマト黎明期の話と思われる。

大物主神はいつも夜やってきた。だから倭迹迹日百襲姫命は、
「明るい時間帯に来てくださらないので、ご尊顔を拝見することもできません」
と拗《す》ねたのだった。大物主神は「もっともなことだ」と言い、「明朝、おまえの櫛笥《くしげ》（櫛を入れる箱）に入っていよう」と言った。不思議に思ったが、夜が明けたあと、櫛笥を見ると、美しい小蛇《こおろち》がいた。その長さと太さは、衣のヒモのようだった。倭迹迹日百襲姫命は驚き叫んでしまった。すると大物主神は恥じて人の姿に戻

った。

「おまえはこらえきれずに驚き叫んで、私に恥をかかせた。今度は、おまえに恥をかかせよう」

こうして大物主神は、大空を踏み轟かせ（雷神だったのだ。雷鳴を轟かせながら）、御諸山に登って行かれた。

倭迹迹日百襲姫命は、去って行く大物主神を仰ぎみて、悔いて、尻餅をついた。そして、箸でホト（女陰）を突いて亡くなられた。

かくして、倭迹迹日百襲姫命の墓が造られたのだ。昼は人が、夜は神が造った。大坂山《おおさかのやま》（奈良県香芝《かしば》市穴虫《あなむし》。二上山《ふたかみやま》の北側）の石を運んで造った。山から墓に至るまで、民が並んで、手渡しをした。

時の人は、次の歌を詠んだ。

大坂《おほさか》に　継《つ》ぎ登《のぼ》れる　石群《いしむら》を　手遞伝《たごし》に越《こ》さば　越《こ》しかてむかも

現代語風に訳すと、こうなる。

「大坂から石を運ぶなど、不可能と思っているだろ。いやいや、人が並んで運べ

箸中山古墳と三輪山（奈良県桜井市）

ば、不可能も可能になっちまうのだ」

これが、箸墓（奈良県桜井市の箸中山古墳）誕生の物語だ。ちなみに箸墓の全長は二七三メートル、後円部の径一六〇メートル、高さ三〇メートルの前方後円墳だ。

また箸墓といえば、邪馬台国論争で、一躍有名になった。後に再び触れるが、造営が三世紀半ばの可能性が出てきて、そうなると邪馬台国の卑弥呼《ひみこ》の死と、ほぼ年代が重なることになる。だから、邪馬台国はヤマトで決まったと言い出す考古学者が登場したのである。

ただし、結論を急ぐことはない。

こちらは、「なぜ人々は、前方後円墳造営に腹を立てなかったのか」を考えておきたい。少なくとも、『日本書紀』を読むかぎり、民は不満を漏らしていない。「できないと思うだろ。これが、できたんだなあ」と、自慢気だ。

もっともこれは、朝廷側の記録なのだから、無批判に信じてよいわけがない。ただ、資料の少ないこの時代の実態を知るには、『日本書紀』の記事が不可欠で、その「表と裏」を、穴のあくほど見つめる必要がある、といいたいのである。

殉葬を禁じた垂仁天皇

箸墓は古墳時代初期を代表する前方後円墳だ。前方後円墳が出現した当初（それは、ヤマト建国の瞬間でもあった）から、すでに二〇〇メートルを超える巨大古墳が出現していたのだ。

ところで、崇神天皇の子・第十一代垂仁《すいにん》天皇の時代に、「古墳と埋葬様式」に変化があったと『日本書紀』は記録している。

垂仁七年秋七月、当麻邑《たぎまのむら》に当麻蹶速《たぎまのけはや》という力持ちがいた。この世で一番強いと豪語していたのだ。「私よりも強い者と出逢って、生き死にを賭けてもよいから、勝負をしてみたい」とうそぶいた。そこで垂仁天皇は、強い者を求めた。すると出雲国に勇者がいることが分かった。それが野見宿禰《のみのすくね》（出雲国造《いずもこくそう》同族）で、当麻蹶速との「蹴り合い」に勝ち、敵のあばら骨を折り、腰を踏みつぶして殺してしまった。そこで天皇は、当麻蹶速の土地を奪い、褒美に野見宿禰に下賜《かし》した。野見宿禰はそのままヤマトに留まり、仕えるようになった。

時間は流れ、垂仁二十八年冬十月のこと、天皇の同母弟・倭彦命《やまとひこのみこと》が薨去《こうきょ》された。翌月葬ったが、この時近習《きんじゅう》の者が生きたまま、陵《みささぎ》の境界に埋められた（いわゆる殉葬《じゅんそう》だ）。数日たっても死なず、日夜泣き声が聞こえてきた。ついに亡くなり、腐り、悪臭が漂った。犬やカラスが集まり、屍《しかばね》をついばんだ。垂仁天皇は、殉葬者の泣き声を聞かれて、悲しみ、不憫《ふびん》に思われた。そこで、群卿《まえつきみたち》に詔《みことのり》し、

「殉死を強要することは傷ましいことだ。古くからの風習とは言っても、悪しき慣習は断ち切るべきだ」

と、殉葬を禁じた。

垂仁三十二年秋七月、皇后の日葉酢媛命《ひばすひめのみこと》が薨去された。何日か経過し、葬る時間が迫ってきた。天皇は群卿に詔し、

「殉葬はよくないことと知った。ならば、どうすればよいだろう」

すると野見宿禰が進み出て、

「まさに、殉葬はよくないことで、後世に風習を残すべきではありません。よい方法を協議したうえで、奏上いたします」

そう申し上げ、出雲国の土部《はじべ》(埴輪《はにわ》などの土器を造る部民《べみん》)百人を呼び寄せ、自ら彼らを使役し、埴土《はにつち》を採り、人や馬、いろいろなものを造り、献上した。

「これから先、生きた人に代わって陵墓に立てましょう」

と進言すると垂仁天皇は、大いに喜ばれ、日葉酢媛命の陵墓に立て、これを「埴輪」と呼び、殉葬の風習は、ここに終わったというのである。

これを、古墳にまつわるポジティブな記事とみるべきだろう。ならば、どこかに「古墳を造るのはつらい」と、記録は残っていないのだろうか。

ちなみに、三輪山の南側の山麓に「出雲」という地名が残り、素朴な「出雲人形《にんぎょう》」を細々と造り続けているのは、出雲出身の野見宿禰と、大いにかかわりがある。

ピラミッドは公共事業だった？

なぜ、数百年にわたって、日本では古墳が造営されつづけたのだろう。朝鮮半島には、これだけ大規模な墳墓は、存在しない。そこで注目しておきたいのは、エジプトのピラミッドだ。なぜあのオブジェは造られたのだろう。

かつては奴隷の犠牲の上に造営されたと信じられていたが、ドイツの物理学者クルト・メンデルスゾーンは、公共事業で社会を潤す目的だったと推理した。ナイル河の氾濫《はんらん》期は四ヵ月と長い。そこで、公共事業としてピラミッドを造り、失業者対策をしたのではないかと言うのだ。

ピラミッド事業はかつて存在したことのない型の共同体をつくりつつあった。部族の村人たちは共同の仕事によって結びつけられ、民族の意識をもつ国民になった。彼らはたぶんこのとき初めて、自分自身を何よりもまずエジプト人として考えた。一つの行政府のもとに共に働くことによって、彼らの間の相異と互いの猜疑心《さいぎしん》は小さくなる運命にあった。（『ピラミッドを探る』クルト・メンデルスゾーン　酒井傳

六訳　法政大学出版局）

なるほど、興味深い指摘だ。しかし、いくつかの発見があって、近年では、この考えは、修正されつつある。古代エジプト人の生活は、われわれが想像するほど逼迫《ひっぱく》したものではなかったし、種を播《ま》けば自然に稔る温暖な気候の恩恵を受けていたといい、失業者対策など必要なかったというのだ。

ある碑文には、一年を通じてピラミッド建設現場に専門的な技術者と専従の労働者が集まって暮らしていた（ピラミッド都市）ことが記されていた。

つまり、ピラミッド建設に従事している人たちは、強制労働ではなかったのだ。そして労働者は奴隷でもなく、普通に暮らしている専門職だったことや、事業を管理する大きな組織が存在しただろうことも分かってきた。また、古代の石切場に残された落書きには、王を礼讃する言葉や、日々の生活の楽しさを記す例があって、これまでの「ピラミッド建造は苦役」という常識は、くつがえりつつある。

その上で大城道則《おおしろみちのり》は『ピラミッドへの道』（講談社選書メチエ）の中で、次のように指摘している。

このような組織的大事業が古代エジプト人たちに自らのアイデンティティの共通意識を生み出し、結果として「古代エジプト人」を創り上げる要因となったのであろう。

この発想に、宗教的な意味も加えねばなるまいが、少なくとも、「民が苦役を強いられていた」という従来の発想から脱却できたことは、大きな進歩だと思う。ならば日本の場合はどうなのだろう。

聖帝と称えられた仁徳天皇

大仙陵古墳に埋葬されているのは、仁徳天皇と伝えられ、宮内庁も治定《じじょう》しているが、本当の被葬帝は分かっていない。ただし、五世紀前期から中期にかけて造営されたと考えられている。ちなみに第十六代仁徳天皇は応神《おうじん》天皇の子で、五世紀前半の人物と考えられているから、時代は、合っている。

また『日本書紀』仁徳八十七年冬十月条には、仁徳天皇を百舌鳥野《もずの》陵に葬ったとあり、『古事記』には、「御陵《みはか》は、毛受《もず》の耳原《みみはら》に在り」とある。これらも、大阪府堺市大仙《だいせん》町を指していて、巨大古墳群のどこかに仁徳天皇が埋葬されていることはまちがいあるまい。

あれだけ巨大な前方後円墳を造り続けた時代、民（百姓《おおみたから》）は王や大王（のちの天皇）を、恨まなかったのだろうか。『日本書紀』や『古事記』には、王家と民の関係を、どのように記録しているのだろう。

『古事記』の仁徳天皇をめぐる記事を追ってみる（『日本書紀』は、長すぎるゆえ）。

天皇は高い山に登って、四方の国を見渡して、次のように詔した。

「国の中に煙が立っていない。国中みな貧窮している（炊事の火を使っていない）。だから今から三年、ことごとく民の課役《かえき》（租税と夫役《ぶやく》）を免除しなさい」

このため、（仁徳天皇の）大殿（宮）は破れ壊れて（税収がないから仕方ない）、雨漏りしてしまったが、修繕することもなかった。木の箱で雨を受けて、雨が洩れていない場所に移った。のちに、国を見渡すと、煙が満ちていた。だから民は富んだと思い、課役を再開した。民は栄え、夫役も苦にならなかった。そこで、仁徳天皇を称えて、「聖帝《ひじりのみかど》の世」と言った。

『日本書紀』仁徳四年春二月六日の条以下、七年夏四月一日にも、同様の話が載る。『日本書紀』の場合、次の話が続いている。


国が豊かになった様子を観て、天皇は皇后に、次のように述べた。

「私は豊かになった。もう憂うことはない」

宮がボロボロなのに、といぶかしんだ皇后は、

「なぜ、富んだとおっしゃるのですか」

と尋ねた。すると天皇は、

「天が君（天皇）を立てるのは百姓（民）のためだ。だから、何事も百姓を一番に考えるのだ。古の聖王は、ひとりでも飢え、凍えている人がいれば、自分を責めたものだ。百姓が貧しいときは、朕も貧しい。百姓が富むときは、朕も富むのだ。いまだかつて百姓が富んで君が貧しいということはなかったのだ」

と述べられた。

仁徳十年冬十月、初めて課役を課し、宮を建てた。百姓たちは強要されたわけでもないのに、老いも若きも昼夜を問わず競って手伝った。だから、あっという間に宮は完成した。このため仁徳天皇は「聖帝」と呼ばれている。

『古事記』も『日本書紀』も、民が仁徳天皇を称えていたと記録している。宮の造営にもむしろ積極的だったとある。

はたしてこれは、本当のことなのか、それとも、「朝廷のプロパガンダ」なのであろうか。

巨大古墳の時代に王朝交替はあったのか

ところで、仁徳天皇だけではなく、父親の応神天皇も『日本書紀』の中で称えられている。即位前紀には、「幼少のころから聡明で、奥深いところまでものを見通し、振る舞いに聖帝の兆しがあった」と言っている。

もっともこれらの記事は、三王朝交替説で説明がつくという。巨大古墳造営の時代に王朝交替があって新王朝を礼讃する目的があったのではないかというのだ。

三王朝交替説は、第十代崇神《すじん》天皇、第十五代応神天皇（あるいは第十六代仁徳天皇）、第二十六代継体《けいたい》天皇の時代に王家は入れ替わったという考えだ。そして、応神や仁徳天皇が河内《かわち》王朝の祖だったというのだ。

もし仮に、三王朝交替説が正しいとすれば、たしかに件《くだん》の記事は、かなり割り引いて考えねばならないだろう。

戦後の史学界に波紋を投げかけたのは、どこにあるのだろう。ならば、河内王朝論の論拠は、どこにあるのだろう。

戦後の史学界に波紋を投げかけたのは、江上波夫《えがみなみお》の騎馬《きば》民族日本征服説だった。中国東北部から朝鮮半島に暮らしていたモンゴル系狩猟騎馬民族が、朝鮮半島西南部まで南下し、先住民を圧倒すると、百済《くだら》を建国し、四世紀の初めに崇神天皇が北部九州に上陸し、建国を果たした。さらに応神天皇が河内に移動したのだと主張した。

考古学の進展によって、騎馬民族日本征服説は否定されてしまったが、「日本の王家は征服され、入れ替わっていた」という発想は継承され、水野祐《みずのゆう》の三王朝交替説に結びついていったのだ（『日本古代王朝史論序説』早稲田大学出版部）。そして河内王朝は、二番目の王朝だったという。その概略を、説明しておこう。

三世紀初頭、崇神天皇によって呪術的要素の強い古王朝が誕生した。しかし、仲哀《ちゅうあい》天皇の時代、九州遠征で熊襲《くまそ》に敗れ、滅亡する。そして四世紀後半、熊襲が東遷《とうせん》して、ヤマトを占領した。これが中王朝で、第十六代仁徳天皇が始祖だという（ちなみに、水野祐だけではなく、多くの史学者が、応神天皇と仁徳天皇を同一人物とみなしている。詳述は避ける)。

中王朝は河内王朝とも呼ばれるが、それはなぜかというと、河内に巨大古墳を造営していたからだ。その河内王朝も、六世紀初頭に大伴《おおとも》氏が越《こし》(北陸)の継体天皇を擁立し、「新王朝」が成立した。初の統一王朝でもあるという。この考えは、多くの史学者を刺激し、賛同者を増やしていった。

河内王朝は新王朝ではない

河内王朝論の根拠のひとつが、『日本書紀』の次の一連の記事だ。

『日本書紀』応神二十二年三月五日条に、ヤマトで暮らしていた応神天皇は難波《なにわ》に行幸《ぎょうこう》し、大隅宮《おおすみのみや》(大阪市東淀川区)に留まったとある。応神四十一年二月条には、天皇が明宮《あきらのみや》(奈良県橿原《かしはら》市大軽《おおがる》)で崩御《ほうぎょ》されたと言い、また一説に(「一に云はく」)、「大隅宮で亡くなった」とある。別伝が正しければ、応神天皇は後半生を大阪で暮らしたことになる。

応神天皇の子が仁徳天皇で難波の高津宮《たかつのみや》(大阪市中央区)を造っている。この後に続く履中《りちゅう》天皇や反正《はんぜい》天皇も、河内に関わっていき、墳墓は大阪府羽曳野《はびきの》市、藤井《ふじい》寺《でら》市、堺市に築かれた。いわゆる古市《ふるいち》古墳群、百舌鳥古墳群だ。だからこの四代を、多くの学者は「河内王朝」と呼んでいる。

また、諡号《しごう》の違いから、王統が入れ替わったともいう。

第十代崇神天皇の和風諡号は「ミマキイリヒコイニエ」で、十一代垂仁天皇にも「イリ」が入る。そのあと十二代から十四代までは「タラシ」の王で、そのあとの応神天皇が「ホムダワケ」と呼ばれ、「ワケ」の名を負い、河内王朝の王は、みな「ワケの王」だ。だから、河内王朝は、それまでとは系統を異にしていたのではないかと考えられているのだ。

また、応神天皇の母・神功《じんぐう》皇后は、新羅《しらぎ》征討に際し、臨月にあたっていたが、腰に石を挟みまじないで出産を遅らせ、凱旋後に九州で応神を生み落としている。この説話、天津彦彦火瓊瓊杵尊《あまつひこひこほのににぎのみこと》が天孫降臨《てんそんこうりん》神話の中で「胞衣《えな》に包まれて九州に降臨した」と語られている状況とそっくりだ。だから、応神天皇は河内王朝の始祖王にほかならないと考えられてもいる。

ただし、河内王朝の成り立ちに関して、史学界でまとまって一つの考えを推しているわけではない。少しずつ発想が異なっている。まとめると、次のようになる。

（1）騎馬民族が九州からヤマトに移動した（江上波夫、井上光貞《いのうえみつさだ》）
（2）土着の勢力が成長して王朝を開いた（岡田精司《おかだせいし》、直木孝次郎《なおきこうじろう》）
（3）三輪王朝衰退後、河内が勃興した（上田正昭《うえだまさあき》）
（4）ヤマトと河内の有力部族が王朝を築いた（笠井敏光《かさいとしみつ》、白石太一郎《しらいしたいちろう》）

要は、ここで王朝交替があって、ヤマト建国時の王家と今上《きんじょう》天皇はつながっていないと言っているのだ。そして今や「王家が入れ替わった」と考えることが、常識になった感すらある。

しかし、これらの主張を、素直に受け入れることはできない。その理由はふたつある。

まず第一に、なぜヤマトが都に選ばれたかといえば、それは、弥生時代後期の混乱、戦乱状態を回避するために、必要な場所だったからだろう。西側からの攻撃に対してすこぶる威力を発揮するヤマトの盆地に、諸勢力が集まってきたのだ。

もし仮に河内の王家が新勢力で、しかも、ヤマトの敵を破って新王朝を立ち上げたのなら、まず奈良盆地をおさえて、安定的な政権を造り、その上で河内に進出していたはずなのだ。それでも、ヤマトに敵対勢力が出現する可能性は否定できず、そうなったら、河内の勢力に勝ち目はない。「防衛」「戦略」という視点からは、河内王朝は、存立し得ない。ヤマトと河内はセットなのだ。

そこで第二の理由だ。たしかに五世紀に埋葬文化に変化はあった。前方後円墳の副葬品の変移や、竪穴《たてあな》が横穴に移行したのだ。しかし、王朝が入れ替わったかというと、首をひねらざるを得ない。「前方後円墳という独自の墳墓形態」は、継続されたからである。

前方後円墳は三世紀に誕生し、四世紀に日本列島各地に広まっていった。それは強制的ではなく、各地の首長《しゅちょう》が選択し、ヤマトが造営を認めたと考えられる。前方後円墳は「ゆるやかな連合体＝ヤマト」の象徴であり、「前方後円墳という形」は、だれがみてもわかる独自のもので、一目見ただけで、「オラの殿様とヤマトの結びつき」を実感できたはずなのだ。

もし河内王朝が武力で「ヤマトという体制」を壊したのなら、まっ先に前方後円墳を否定していなければおかしい。

水はけの悪かった大阪

そこで再び、「なぜ巨大古墳が築かれたのか」「なぜ、反乱が起きなかったのか」について、考えておきたい。第十六代仁徳天皇は、巨大古墳を造営しているが、『日本書紀』は「善政を敷いた」と、絶讃し、民も礼讃していたと記録している。この記事が王朝交替を意味していなかったとなると、なぜ古墳造営に人々が不満を漏らさなかったのか、やはり謎めくのだ。

五世紀は、巨大古墳が出現しただけではなく、土木工事の世紀でもあった。仁徳天皇は国土の開発に意欲を燃やしていたと、記録されている。

『古事記』には「秦人《はだひと》（渡来系の秦氏の人びと）を使役して、茨田堤《まむたのつつみ》、茨田《まむたの》三宅《みやけ》を作り、また、丸邇池《わにのいけ》、依網池《よさみのいけ》を作り、さらに、難波の堀江《ほりえ》を掘り、海に通し、小椅《おばし》江《のえ》を掘り、墨江《すみのえ》の津《つ》を定めた」とある。

このあたりの事情を理解するには、すこし、太古の大阪の地理について説明しておかなければならない。

今でこそ、広大な大阪平野に民家やビル群が密集して、巨大都市・大阪は繁栄をきわめているが、太古の大阪平野は、ほとんどが水底にあった。大坂城付近を北端とする南北に長い上町台地《うえまちだいち》が半島状に伸び、その左右、東西は、海と湖沼だったのだ。物部《もののべ》氏や中臣《なかとみ》氏ら古代豪族の多くが生駒山《いこまやま》の西側の山麓にへばりつくように拠点を構えたのは、そのためだ。河内国一ノ宮《かわちのくにいちのみや》・枚岡神社《ひらおかじんじゃ》（東大阪市）も、かつてはすぐ近くまで「河内湖《かわちこ》」が迫っていたはずだ。

奈良県や京都府から流れ込んだ水は、大阪湾（瀬戸内海）に注いだが、上町台地が邪魔して出口が狭く、河内湖は、頻繁に水位を上げ、近辺は水浸しになったようだ。

こんなありさまだから「上町台地を東西に横切る運河を造ったらどうだろう」と考えるようになった。それが「難波の堀江（大阪市中央区）」で、六世紀に物部守屋《もりや》が仏像を流したのが、ここだ。奈良県からここまでわざわざ仏像を持ってきて捨てたはずがないとする意見もあるが、仏教導入後、各地で疫病が蔓延していた（おそらく天然痘だろう）。そのため物部氏は、

「これは蕃神《あたしくにのかみ》を崇拝したからにほかならない」

と言い、象徴的な仏像を「こちらとあちらの境界」にあたる難波の堀江に捨てたのだろう。穢《けが》れは、水の流れに沿って、あちら側（彼岸《ひがん》）に流れていくという発想もあっただろう。

また、これも余談だが、難波の堀江は現在の大川（旧淀川）で、豊臣秀吉は大坂城の「濠《ほり》」に活用している。

前方後円墳造営の目的のひとつは治水事業だった？

五世紀に王家の陵墓は河内で造営され、巨大化したのだが、ほぼ同時に、治水事業が始まっていたことが分かる。とすれば、前方後円墳の造営も、一連の「水が溢れて人の住む場所の少ない大阪を人の住める場所に!!」という発想から生まれた可能性はないだろうか。巨大なため池を兼ねていた、ということだ。

これを証明するような記事が、まさに『日本書紀』に載っている。仁徳十一年夏四月条だ。仁徳天皇は、河内の開墾を進めれば、水害を乗り越えられると言っている。

今、この国を見れば、野や沢が広く、田や畑は少なく乏しい。また、河川は蛇行し、流れは滞っている。少しでも長雨が降れば、海水は逆流し、里は船に乗ったように浮かびあがり、道はドロドロになる。だから群臣たちも、この状態を見て、水路を掘って水の流れを造り、逆流を防ぎ田や家を守れ。

仁徳天皇は、河内平野の水害を憂えていたのだ。話はこれで終わらない。同年冬十月、宮の北側の野原を掘り、南の水をひいて西の海に流した。それで、この川を「堀江《ほりえ》」と呼んだ。これがいわゆる難波の堀江だ。

また、この続きの説話がある。淀川の北側に堤を設け、水害を防ごうとしていた様子が読み取れる。


北の川の洪水を防ぐために茨田堤（大阪府門真《かどま》市）を築いた。この時、二ヵ所に土地の亀裂があって、築いてもすぐに壊れた。すると天皇の夢枕に神が現れ、次のように教えた。

「武蔵人強頸《むさしのひとこわくび》と河内人茨田連衫子《かわちのひとまむたのむらじころものこ》を水神《すいじん》に捧《ささ》げ祀《まつ》るなら、必ず塞《ふさ》ぐことができるだろう」

そこで二人を捜し出し、水神を祀った。強頸は哀しみ、泣いて、水に沈んで死んでいった。こうして堤は完成した。ただ茨田連衫子は、ヒサゴ（瓢箪《ひょうたん》）をふたつもって川に入った。ヒサゴを手に取り、水中に投げ入れ、請うて言った。

「川の神は祟《たた》って私を幣（人身御供《ひとみごくう》）としました。それでこうしてやってきました。必ず私を得ようというのでしたら、このヒサゴを沈めて、浮かばせないでください。そうすれば私は、本当の神ということを知り、自ら水中に入ろうと思います。もし、ヒサゴを沈めることができないのなら、偽りの神ということが分かります。どうかいたずらに、我が身を滅ぼされませんように」

すると突然、つむじ風が巻き起こり、ヒサゴを引いて水に沈めようとした。ところがヒサゴは、波の上を転がって沈まない。濁流に呑みこまれそうになりながら、遠くに浮いて流れていった。茨田連衫子は死なず、堤も完成した。茨田連衫子は才覚で死を免れた。だから時の人は、二ヵ所を特別に「強頸断《こわくびのたえ》間《ま》」「衫子断《ころものこのたえ》間《ま》」と名付けた。

仁徳天皇の時代、河内一帯は、湿地と泥海だった。そして、仁徳天皇らは、必死に治水事業を展開していたことが分かる。考古学の指摘とも合致する。森浩一《もりこういち》も、巨大古墳と治水事業をつなげて考えている（『巨大古墳の世紀』岩波書店）。仁徳天皇は、河内を「人の住める場所にした治水王」であり、人々は豊かになっただろう。だからこそ、徳を称えられていた可能性は高いのだ。

そして、茨田連衫子の説話が大切だと思うのは、縄文時代から継承されてきた日本人の宗教観の中で、「大自然に逆らうことはできない」「大地を切り刻み改造すれば、神の怒りに触れる」という発想がどこかにあって、「神に人身御供を捧げる」と思い至ったと考えられることだ。

そしてまた、巨大な前方後円墳も、人智を越えた神を祀る場であるとともに、治水事業のために造られたとは、考えられないだろうか。

導水施設から何が分かるのか

辰巳和弘《たつみかずひろ》は『水と祭祀の考古学』（奈良県立橿原《かしはら》考古学研究所附属博物館編　学生社）の中で、出雲市の東にある青木《あおき》遺跡の湧水点の周辺に導水施設が備わってい て、「瀬を表現」しようとしていること、湧水点の近くに大木の根がみつかってい ることを強調している。これは、後に触れる綿津見《わたつみ》の神の宮にそっくりなのだ。

ところで、導水施設には、おおまかに見て、二種類あるようだ。

青柳泰介《あおやぎたいすけ》は同書で、それをA類とB類に分類して次のように説明する。

まずは、A類だ。古墳時代初頭の纏向遺跡には、貯水池で水をため、その水を大型木桶に引き、ここで儀礼を行い、覆屋《おおいや》や垣根などの遮蔽施設が存在したと思われる。また、そこから下流に向けて排水施設がある。これらは集落の縁辺部に造られた。時代が下るにつれ、その他の遺跡では、施設が巨大化し、貯水池の数も増えていく。ただし、このような施設は弥生時代には存在せず、また前方後円墳中期に、役目を終えていたらしい。

導水施設B類は、貯水池ではなく、湧水点（井戸や泉）から導水溝で、直接水を引き、突出部で儀礼が行われる。ただし、儀礼が行われる場所に覆屋はない。その代表例が、三重県伊賀《いが》市の城之越《じょのこし》遺跡だ。古墳時代前期から長い間継続的に使われていた。

この遺跡、発見当初は、「日本庭園の源流」と騒がれたものだ。やはり、集落の縁辺部に位置する。また、弥生時代にすでに存在していた可能性が高い。

導水施設から、何が分かるのだろう。

まず、儀礼用の導水施設だが、実際に生活のために造った灌漑《かんがい》、水利施設とよく似ており、囲形《かこいがた》埴輪（後述）は、ほとんどが導水施設A類をモチーフにしていて、これまでみつかった中で、B類と似た形をしているのは、一件しかないことから、単に豪族居館の井戸を象《かたど》ったに過ぎない可能性がある。

くどいようだが、A類の「貯水池」を利用した導水施設は、現実の灌漑、水利施設によく似ていた。そこで行われた儀礼が古墳時代中期まで重視されたというところに、大きな意味が隠されていたようだ。

青柳泰介は、

農業生産ひいては土地開発が想定され、その推進が首長の重要な役目であったと考えられます。（前掲『水と祭祀の考古学』）

と言い、さらに、中期に堤の構造が変わっているのは、韓半島系渡来人がもたらした新技術（敷葉《しきは》工法）で、巨大な池の出現の下地が生まれ、これに首長たちが飛びついたと言うのだ。

つまり、実利のために造られた導水施設だが、新しい技術は祭祀にも影響を与えたということだろう。古墳と治水、そして祭祀は、強く結びついていたのではあるまいか。

古墳に残された水の祭祀の形跡

ただし、前方後円墳造営の目的を治水だけで片づけるわけにはゆかない。河内は特殊な例で、他地域すべてにあてはまるわけではないからだ。その一方で、「前方後円墳と水の祭祀」という視点は大切だと思う。

そこで、前方後円墳と水、祭りと水について、考えておきたい。前方後円墳に張り巡らされた濠や前方後円墳に残された祭祀の遺物から、水の祭祀の重要性が分かってくるからだ。王権にとって水の祭祀は何よりも大切だ。民も前方後円墳を造ることで、ともに祭りに参加していたのではないかと思えてならない。

狼塚《おおかみづか》古墳（大阪府藤井寺《ふじいでら》市）で、囲形《かこいがた》埴輪という、奇妙な埴輪がみつかっている。壁（塀？）が一定の空間をかこっているのだが、中に川原石が敷きつめられていて、へこみのある羽子板形の粘土板が置かれ、これが謎めくのだ。現実に使われていた何かを模写しているはずだが、それが何だったのか、すぐには思いつかない。

ところが、行者塚《ぎょうじゃづか》古墳（兵庫県加古川《かこがわ》市）で、囲形埴輪の中に家形《いえがた》埴輪がおさまった状態で発見され、祭事を行う大切なスペースだったことが分かった。さらに、古代の浄水祭祀場に水を引き込む木桶のへこみが、狼塚古墳でみつかった羽子板形の粘土板とそっくりだったことから、少なくともこの遺跡でみつかった囲形埴輪が、「水の祭祀」と深くかかわる施設を写したものだった可能性が高くなった。

船形《ふながた》埴輪や様々な形象《けいしょう》埴輪が出土したことで有名な宝塚《たからづか》古墳（三重県松阪《まつさか》市）の場合、囲形埴輪が複数発見され、囲の中に社《やしろ》のような建物があったり、導水施設（桶と槽）が観られ、「囲《かこい》」が、聖なる場所の結界になっていること、また、井泉を囲んでいたところから、ここでも水の祭祀が連想されるのである。

大嘗祭《だいじょうさい》で天皇は神聖な水を使う。それが、「御膳《みけ》つ水」で、この世の水に天上界から下された天《あま》つ水《みず》を足したものだ。やはり、「水と祭祀」は、深くかかわっている。

『丹後国風土記《たんごのくにのふどき》』逸文《いつぶん》に、伊勢外宮《げくう》で祀られる豊受大神《とようけのおおかみ》と「神聖な井戸」にまつわる説話が残される。いわゆる「天の羽衣《はごろも》伝承」だ。

丹後の丹波の郡《こおり》（現在の京都府京丹後市）に比治《ひじ》の里があって、この里を見下ろす比治の山頂に井戸（真奈井《まない》）があった。あるとき、ここに天女八人が舞い降り、水浴びをしていた。たまたまある老夫婦がこの光景に出くわし、こっそり近付いて、ひとりの天女の羽衣を奪ってしまった。やがて水浴びを終えた天女たちは、衣を着て天に帰っていったが、羽衣を奪われた天女だけは恥じて水から出ることができなくなった。「私には子がないから」と、留まるよう懇願する老父に、天女は応じた。

天女はこうして老夫婦と十年あまりの年月をともに暮らした。その間、彼女は万病に効く不思議な酒を造り、老夫婦の家は次第に豊かになってゆく。しかし、老夫婦は増長して、天女を家から追い出してしまった。嘆き悲しむ天女は、しばらくさまよい歩いたのち、竹野郡《たかののこおり》（京丹後市）の船木の里の奈具《なぐ》の村（京丹後市弥栄町《やさかちょう》船《ふな》木《き》）にたどり着くと、ここに留まることにした。この天女が、いわゆる竹野の郡の奈具の社におわします豊宇賀能売命《とようかのめのみこと》（豊受大神《とようけのおおかみ》）だ。

なぜこの説話に注目したかというと、豊受大神が天照大神《あまてらすおおみかみ》とともに伊勢で祀られていること、豊受大神は天照大神に食事を供献《きょうけん》するが、その「巫女《みこ》的要素をもった豊受大神が、古代祭祀の様子を知る手がかりになる」と思うからだ。

羽衣と鳥

天の羽衣伝承に登場したのは、「神聖な井戸（真奈井）」と「神聖な衣（羽衣）」だ。大嘗祭のクライマックスで、天皇は天の羽衣という湯帷子《ゆかたびら》を着込み、ここから天皇自身も神のような存在になっていくが、「水辺で機織《はたおり》をして神聖な神を待つ女神」という神話のパターンがある。そして、女神が織る「羽衣」を着た者は、神聖な存在となり、さらに、「鳥のイメージ」と重なってくるのだ。豊受大神が天の羽衣を奪われ、天に帰れなくなったのも、そのためだ。

出雲の国譲りの場面で、事代主神《ことしろぬしのかみ》が出雲国の三穂《みほ》の碕《さき》（島根県松江市美保関《みほのせき》）で釣りをしていたとある。『日本書紀』には、釣りではなく「遊鳥《とりのあそび》するを楽《わざ》とすといふ」とある。「鳥の遊びをしていた」というのである。

「鳥の遊び」とはなんだろう。江戸時代の国学者・本居宣長《もとおりのりなが》は『古事記伝《こじきでん》』で、狩りで鳥を捕ることだろうか、と言っている。これに対し折口信夫《おりくちしのぶ》は、古い魂を鳥に返し、新たな魂と交換するのだが、魂をもらうとき、じっとかがむ動作をする、これが、鳥の遊びだといっている。この「動かない動き」は、能に取り入れられ、「居《い》グセ」になったようだ。

また、鳥は「導く存在」でもあった。古代の海人は、船に鳥を乗せていて、陸地の見えない沖合で遭難すると、鳥を放った。鳥は、本能的にもっとも近い陸地を求めて飛んでいくからだ。深い熊野の森の中で迷った神武天皇一行を空から導いたのも鳥で、頭八咫烏《やたのからす》である。

弥生時代には土器に「鳥装《ちょうそう》の巫女」が描かれていた。鳥のように見える衣をまとい、頭に羽根をつけた巫女だ。また神殿の屋根に鳥が描かれている。埋葬された女性が鵜《う》を抱いて横たわっていたことなどなど、巫女と鳥も、強く結ばれていた。

天の岩戸神話で、天照大神が岩戸の中に隠れたため世界が闇に覆われ、そこで「常世《とこよ》の長鳴鳥《ながなきどり》」を集めて長鳴きさせたのは、日の出を促し、邪鬼を祓《はら》う動物が鶏だったからだ。

鶏や鳥は、生と死に密接に関わる。あとで触れるが、風葬《ふうそう》が盛んに行われたのは、「鳥に肉をついばんでもらうため」でもあった。鳥は魂を運ぶ動物であり、ヤマトタケルが死して白鳥になったのも、古代人にとって鳥と人の魂が重なっていたからだろう。

鳥装の巫女は機を織る巫女

そこで次に、「機織と鳥」に注目してみたい。

古墳に囲形埴輪があって、水の祭祀を表現していたが、さらに、布を織る道具（紡織具《ぼうしょくぐ》）が、祭祀遺跡や古墳から出土している。群馬県では、機織で布を織る女性の埴輪が二種類出土した。神事と機織が、なぜつながっていたのだろう。

『日本書紀』の出雲の国譲りの場面で、興味深い歌が残されている。出雲の下照姫《したてるひめ》が兄のアジスキタカヒコネについて歌っている。

天《あめ》なるや　弟織女《おとたなばた》の　頸《うな》がせる　玉《たま》の御統《みすまる》の　穴玉《あなたま》はや　み谷《たに》　二渡《ふたわた》らす　味耜高《あぢすきたか》彦根《ひこね》

大意は次のようなものである。天のうら若い機織女がかけている首飾りの玉、穴玉よ、ああ、谷二つに渡って輝かれる雷神・アジスキタカヒコネぞ――

ここで、機織女が登場するが、機織の女性が来訪する尊い男性を出迎える話は、いくつもある。たとえば『日本書紀』神代下第九段一書第六には、天孫降臨《てんそんこうりん》にまつわる次の話がある。

天照大神の孫・ニニギ（天津彦彦火瓊瓊杵尊《あまつひこひこほのににぎのみこと》）は日向《ひむか》の襲《そ》の高千穂峯《たかちほのたけ》（宮崎県と鹿児島県の県境の高千穂峰と宮崎県西臼杵郡《にしうすき》高千穂町の二説あり）に降臨したあと、吾《あ》田《た》の笠狭《かささ》の御崎《みさき》（薩摩半島から突き出た小さな半島）に行幸した。すると海辺の大きな神殿の上で機を織る少女を見つけた。大山祇神《おおやまつみのかみ》の娘たちだ。

機織と貴い神の関係は、定番だったようだ。『日本書紀』仁徳四十年春二月の条に、次の歌が載る。

ひさかたの 天金機《あめかなばた》 雌鳥《めとり》が 織《お》る金機《かなばた》 隼別《はやぶさわけ》の御《み》襲料《おすひがね》

複雑な背景の下にこの歌が登場するのだが、直訳すれば、「天金機（金属製の上等な織機）で織女（雌鳥皇女《めとりのひめみこ》づきの織女）が織る隼別御子《はやぶさわけのみこ》（雌鳥皇女の夫）がお召しになる襲《おすい》（外衣）です」ということになる。

この場面に登場する二人は、「鳥にまつわる名」になっているが、これも、神事と関わりが深い。「天の羽衣」は、「鳥の巫女」のイメージだ。

天照大神も、スサノヲが狼藉《ろうぜき》を働いたとき、「神衣《かむみそ》を織っていた」と記録されている。この場合、天照大神も「男性の太陽神を待つ巫女」になる。なぜ、女神や巫女が、機織をするのだろう。

中国の陰陽五行説《いんようごぎょうせつ》で日本の古代史を解こうと試みた吉野裕子《よしのひろこ》は『大嘗祭《だいじょうさい》』（弘文堂。講談社学術文庫『天皇の祭り』）の中で、周の時代の中国では、天子の宗廟《そうびょう》を祀るために官営の桑畑を都の北側に造り、后妃や女官たちは蚕を飼い、絹糸を取り、衣を織ったという。なぜ都の北かというと、北は「陰・女性」を表しているからだと指摘した。さらに、「織る」仕事を女性が担ったのも「陰陽二元の陰」ゆえだという。

折口信夫《おりくちしのぶ》は「たなばた」の「たな」は水辺に張りだした縁側のことで、機を織る女性が、神のように尊い人が現れ、ミソギをして結ばれることを待っているのだと指摘している。

縄文的な信仰と発想を色濃く残す東北地方に白鳥を神聖視する習慣があり、太古の日本列島の人々の「鳥に対する特別な思い」と、中国的な発想がつながり、このような「機を織る巫女と鳥装の巫女」という伝承と祭祀形態が生まれたのだろう。

亀の甲羅に乗って鳥の格好をする人

「鳥装の巫女」は弥生土器に線刻されている。だから現実に、鳥の格好をして神を祀っていたのだろう。文献にも、鳥の巫女や鳥装の神は登場する。

巫女だけではなく、男神も鳥になった。『日本書紀』神代上第八段一書第六には、「小男《おぐな》」（少彦名命《すくなひこなのみこと》）が、「白蘞《かがみ》の皮（ガガイモ）」を舟に造り、鷦鷯《さざき》の羽を服にしてやってきたとある。大己貴神《おおあなむちのかみ》とともに、天下を経営したのだった。国の基礎固めをした神が、鳥の羽を衣にしていたとある。

神武東征の場面でも、鳥とかかわりある人物が登場している。神武が日向を出立し、ヤマトに向かう途中、速吸之門《はやすいなと》(豊予《ほうよ》海峡)に至った時、ひとりの漁師が舟に乗ってやってきたとある。国神《くにつかみ》の珍彦《うづひこ》で、「天神《あまつかみ》の子(神武)がいらっしゃるというので、お迎えにうかがった」という。そこで神武は珍彦を水先案内人に指名し、「椎根津彦《しいねつひこ》」の名を下賜《かし》した。『古事記』はこの場面、すこし違う話になっている。吉備を出立した神武一行の前に、亀の甲《せ》に乗り、釣りをしつつ、「打ち羽挙《はふ》り来る人(翼を振るように、袖を振ってくる人)」と速吸門《はやすいのと》(明石《あかし》海峡)で出逢った。これが、槁根津日子《さおねつひこ》(椎根津彦《しいねつひこ》)で、倭国造《やまとのくにのみやつこ》の祖だ。

　亀の甲羅に乗って釣りをする人と言えば、浦島太郎を思い浮かべる。『日本書紀』も『万葉集』も『風土記』も、浦島太郎《うらしまたろう》(浦島子《うらしまのこ》)を実在の人物として描いている。『日本書紀』の場合「別巻を用意してそこで詳しく語った」と記しているほどだ(ただし別巻は現存せず)。ここに大きな秘密を感じずにはいられないし、浦島太郎に関しては、他の拙著の中で述べてきたことなので、深入りはしない。ただし、「神話じみた浦島太郎によく似た人物が、鳥の格好をしていた」という事実だけは、無視できないのである。

「鳥」が重要視された理由は日本人の死生観と大いに関わりがあることで、その詳細は後に再び触れるが、いずれにせよ、「水辺で機織をする巫女」が「鳥」の説話と強くつながっていることは間違いない。

そして、機織も鳥も、「水」と関わっていたから重要なのだ。

神と水の強いつながり

神と水の強いつながりは、『日本書紀』やその他の文書で、確認できる。

たとえば、『古事記』には、次の話が載る。

イザナミが亡くなり、イザナキは妻を追って黄泉国《よみのくに》(死の国)へ行った。しかし、時すでに遅く、変わり果てて醜悪な姿のイザナミに恐れをなしたイザナキは、逃げて帰ってくる。黄泉比良坂《よもつひらさか》の入口の桃の木の実を投げて、ようやく追っ手を振り払ったのだった。

イザナキは「穢《きたな》き国に行ってしまったものだ」と語り、禊《みそ》ぎをする。竺紫《つくし》の日向の橘の小門《おど》のあはき原で、禊ぎをした。水に滌《すす》ぎ生まれた神の中に、綿津見《わたつみ》神や住吉大神がいて、さらに左目を洗うと天照大御神が、右目を洗うと月読命《つくよみのみこと》が、鼻を洗うとスサノヲ（建速須佐之男《たけはやすさのお》）が生まれた。

アマテラスとスサノヲは、天真名井《あまのまない》で、双方の物実《ものざね》を濯《すす》ぎ、誓約《うけい》をした。産まれ落ちたのは、天皇家の祖神や宗像《むなかた》三神だった。この場面、穢れを落とす重要な役割を担っていたのが天真名井＝神聖な泉であった。「井＝泉」が神聖視されたのは、水が湧くむこうがわに、この世とは異なる永遠の世界があると信じられていたからだろう。

ここでは、水で禊ぎをして、神々が生まれたが、水の呪術はほかにも例がある。『丹後国風土記』逸文の、世に名高い天の羽衣伝承は先にも述べた。この中で八人の乙女（天女）たちは、天から舞い降り、真奈井で沐浴をしていたとある。

反正天皇即位前紀《はんぜいてんのうそくいぜんき》には、次の説話が残されている。瑞歯別天皇《みずはわけのすめらみこと》は、はじめ淡《あわ》路宮《じのみや》（未詳）に生まれた。生まれたときから歯が一本の骨のようにきれいで、容姿端麗だった。ここに瑞井《みずのい》という井戸があり、その水で太子を洗った（産湯に用いた）。その時、多遅《たじひ》（多遅比《たじひ》）の花（タデ科の多年草）が井戸の中に落ちていたので、「多遅」を太子の名にした。そこで称えて、「多遅比瑞歯別天皇《たじひのみずはわけのすめらみこと》」と申し上げる、というのだ。

「瑞井」の「瑞」は、「瑞兆《ずいちょう》」の「瑞」で、縁起のよい言葉だ。「淡路宮」は、『古事記』安寧《あんねい》天皇の段に、「淡道《あわじ》（淡路島）の御井宮《みいのみや》」とあるように、「神聖な井戸」を備えた宮だったのだ。神聖な井戸の水で産まれ落ちた御子を洗い、聖なる力を与える呪術を行ったわけである。

ところで、「淡道（淡路）」といえば、イザナキとイザナミが最初に生み落とした島（瀬戸内海東部。兵庫県）を指しているが、ここの水は神聖なものと考えられていたようだ。『古事記』仁徳天皇の段に、次の説話が残されている。

仁徳天皇の時代、菟寸河《とのきがわ》（大阪府高石市《たかいしし》）の西に、一本の高い木があった。朝日の当たった木の影は、遠く淡路島に届き、夕日は東側の高安山《たかやすやま》を越えた。その木を切って造った船は、非常に速く進む船だった。その船を名付けて「枯野《からの》（意味不詳）」という。この船で朝夕淡路島の清水を汲んで、天皇に献上した。この船が壊れたので、塩を焼き、残りの木材で琴を造ると、遠くまで響き渡った……。

ここでも、淡路島の聖水が、大きな意味を持っていたことがわかる。しかもそれは、「泉から湧き出る水」である。

『万葉集』にも、宮と御井にまつわる歌が残されている。それが、巻一―五二の「藤原宮《ふじわらのみや》の御井《みい》の歌」だ。新益京《あらましのみやこ》の中心となる宮が「藤原宮」と呼ばれるようになった理由が、この歌に示されているとする説がある。ちなみに、『万葉集』の題詞などで宮が「藤原宮」とは呼ばれていたが、京域が「藤原京《ふじわらきょう》」と呼ばれた例はない。正式には、「新益京《あらましのみやこ》」である。念のため。

　やすみしし　わご大君《おほきみ》　高照らす　日の皇子《みこ》　荒栲《あらたへ》の　藤井が原に　大御門《おほみかど》　始め給ひて（中略）高知るや　天《あま》の御蔭《みかげ》　天《あめ》知るや　日の御蔭の　水こそば　常《とこしへ》にあらめ　御井《みゐ》の清水《ましみづ》

ここでも、神聖な泉が登場している。長い歌なので省略してしまったが、宮の東西南北を大和三山と吉野の霊山が囲んでいるという描写があり、藤井が原の宮が聖地だったことが強調され、その中でも「御井の清水」が永遠に湧き続けてほしいと願い、国家の安寧と繁栄が、「霊的な水」に委ねられていたことがみてとれる。

陸の井戸は海に通じていると信じられていた

東大寺の修二会《しゅにえ》のクライマックスは、三月十二日深夜から十三日未明に執り行われる「お水取り」で、丑三《うしみ》つ時（午前二時ごろ）に、二月堂の真下の閼伽井《あかい》で閼伽《あか》水《みず》（香水《こうずい》）を汲み上げる。

この閼伽水、若狭国から送られたものだ。遠敷川《おにゅうがわ》（音無川《おとなしがわ》）左岸の若狭彦《わかさひこ》神社と若狭姫《わかさひめ》神社（福井県小浜《おばま》市）で三月二日に修二会が執り行われ、近くの鵜の瀬に香水が注がれる。これが「お水送り」で、地下をくぐり十日後に二月堂の閼伽井に届くのだという。現実離れした話に思えるが、古代人は「地下をくぐって水脈はつながっている」と信じ、また、その水は「海にも通じている」と考えた。

海幸山幸《うみさちやまさち》神話の中で、海神《わたつみ》の宮に神聖な井戸が登場する。『古事記』の場合、次の話になる。

兄海幸彦から借りた釣針をなくしてしまった火遠理命《ほおりのみこと》（山幸彦《やまさちひこ》）は、塩椎神《しおつちのかみ》のいわれるがまま潮路を辿っていくと、ウロコのように家屋が並ぶ綿津見神《わたつみのかみ》の宮にたどり着いた。その宮の入口に井戸があって、その脇に神聖なカツラの木があるので、その木に登っていれば、海の神の娘に出逢うという。はたして、海神の娘・豊《とよ》玉毘売《たまびめ》の下女が、水を汲もうとしたとき、井戸が光った。ふり返ると、麗しき男がいる。火遠理命が下女に、「水がほしい」と乞うと、下女は水を汲んでさし上げた。火遠理命は飲まずに、首にかけた玉飾りをほどいて口に入れ、水の入った器に吐いた。すると玉飾りは器にくっついたまま、離れなくなってしまった。下女は、その器ごと、豊玉毘売にさし上げた……。これが、火遠理命と豊玉毘売の出逢いである。

ここでも、井戸の水が、重要な意味を持っていた。そしてこの話、「淡路島の清水」を連想させる。井戸の水は、海に通じていると信じられていたのだ。海の水も陸の水も、同じである。

なぜ「神聖な水」「神の井戸」に注目したかというと、古墳からみつかった導水施設の埴輪には、機織がセットになっている例があって、これが神話と重なってくるからだ。

前方後円墳とはヒトの「蕩尽」そのもの？

やはり、「水と機織」には、深い関係が隠されていたようだ。とすれば、古墳に残された水の祭祀の痕跡と機織の埴輪を無視することはできない。

辰巳和弘は古墳について、「この世に創出された他界空間」と主張する（『水と祭祀の考古学』）。馬見《うまみ》古墳群最大の前方後円墳巣山《すやま》古墳（奈良県広陵町。全長約二二〇メートル）の前方部寄りの濠内から島状遺構が見つかっていること、外側に向かって長くゆるやかな傾斜があること、小石を敷きつめ、渚をイメージしていることから、これが、「他界の渚」という。

また、『日本書紀』の海幸山幸神話の中で、綿津見の宮の入口は「可怜小汀《うましおはま》（麗しい小さな渚）」と記されていて、この島状遺構は、他界への入口を表現していると推理した。この周辺の濠内から、各種形象埴輪がみつかっている。そこで、この空間を「他界の王宮」と呼んでいる。

さらに、島状遺構の隅の角が、大きく突出していて、細長い石が立てられていたと考えられること、その姿は、先述した古墳時代前期（四世紀後半）の「水の祭儀場」である城之越《じょのこし》遺跡の湧き水を流す溝の合流点にそっくりで、「そこに神仙《しんせん》が棲む永遠の世界が造形されているとみなすべき」と言い、神仙思想と古墳文化の関係に注目し、前方後円墳は、

壺の中に永遠の神仙世界を見いだした「壺中《こちゅう》の天」にほかなりません。（前掲『水と祭祀の考古学』）

としたのである。そして、「首長権は聖なる水により更新され、永遠に続くことが保証されると念じられた」と言うのである。なるほど、大きなヒントになりそうだ。

そしてここで強調しておきたいのは、この時代の首長たちの大きな役目が、治水であり、そのために水の祭祀を執り行い、新たな技術を導入していた実態が浮かび上がってくるということだ。洪水をくり返した河内に巨大な前方後円墳が造営されたのも、そのためだろう。

そして、もうひとつ、付け加えておきたいことがある。

「王の祭祀」「首長の祭祀」は、ただ単に、王家や実力者の安寧を願うために行われていたと現代人は、考えがちだ。しかし、国を治めることを「まつりごと（政事）」といったように、宗教と政治は、密接に関わっていたのだ。そしてもちろん、民が穏やかに暮らせなければ、王家は長続きしないし、世の安定と豊穣を願うための祭祀が、王家に課せられていたのだろう。

一方、民衆も、王家の祭祀に感謝し、祭に参画するという意識が強かったのではなかろうか。

たとえば、諏訪大社《すわたいしゃ》で七年に一度（数え年なので実際には六年毎に）行われる御《おん》

諏訪大社

柱祭《ばしらまつり》は、山から大木を何本も切り出してきて、しばしば死人が出るのだから、はたから見れば、「ご苦労様なことだ」と思うのだが、やっている本人たちの表情は、みな嬉々としている。これが、人間の不思議なところで、祭りの面白いところなのだ。やっていることは、重労働だ。しかし、不合理なことをやるのが人間なのだ。ひょっとして前方後円墳の造営も、王と民の祭りであり、誰もが率先して手伝っていたのではないかと思えてくる。それは、歴史学者も見落としがちな、人間の「サガ」なのではないかと思えてくるのだ。

経済人類学の栗本慎一郎《くりもとしんいちろう》は『パンツを捨てるサル』（カッパ・サイエンス）の中で、次のように述べている。

過剰をため込んでこれを蕩尽《とうじん》するというヒトの行動原理は、じつは、ヒト独自の快感セットシステムであった。

ヒトは、他の動物にはない秩序や生産能力を持ち、生きるためだけには不要な過剰なものを作り出し、あるとき一気に消費し尽くす（これを蕩尽という）。このいわゆる過剰・蕩尽行動は、あくまでもそうすることが、ヒトにとって快感であるから行なわれるにすぎない。嫌なことなら、やりはしないのである。

まったく、前方後円墳とは、このヒトの「蕩尽」そのものではないかと思えてくるのである。

ただし、これだけで前方後円墳のすべてが分かったわけではない。

そこで次章では、古代人の信仰と前方後円墳のつながりについて、考えてみたい。

第二章
古代人の信仰と前方後円墳

前方後円墳は権力の象徴なのか？

なぜ日本人は、巨大な前方後円墳を造営したのだろう。古代の日本は、多くの文《ぶん》物《ぶつ》を朝鮮半島から学び取ったと信じられているが、なぜ、朝鮮半島にもないような巨大な墳墓を必要としたのだろう。

強大な王が出現し、周囲を圧倒したのだろうか。弥生時代後期の日本列島は、大混乱に陥っていたと中国の史料は言う。いわゆる「倭国大乱《わこくたいらん》」で、弥生時代は戦争の時代だったのだ。『後漢書《ごかんじょ》』東夷列伝には、次のように記録されている。

桓《かん》・霊《れい》の間、倭国大いに乱れ、更々相攻伐《こもごもあいこうばつ》し、歴年主なし。

ここにある「桓・霊の間」は、西暦一四七〜一八八年に相当する。ヤマトに纏向遺跡ができる直前のことで、またこの一節に続いて、「一女子あり、名を卑弥呼《ひみこ》という」とある。卑弥呼が担ぎ上げられて、戦乱は一度収束したと「魏志倭人伝《ぎしわじんでん》」は言う。

人類は農耕をはじめたために戦争をするようになったとする説がある（コリン・タッジ『農業は人類の原罪である』竹内久美子《たけうちくみこ》訳 新潮社）。余剰が生まれ、人口爆発が起き、新たな農地と水を求めて、近隣と争うようになってしまったのだ。必然的に強い首長（王）が頭角を現し、身分の差、貧富の差も生まれる。それが、弥生時代だった。だから古墳時代にも同じ事が起きていた可能性がある。

ちなみに日本の場合、本格的な稲作農耕の時代が、世界史と比較すれば、かなり遅れてやってきた。縄文時代は簡単な農耕をしていたが、生業の中心は、採集と交易であった。「文明は農業とともに発展する」が世界の常識だったから、「縄文時代は未発達で野蛮な時代」だと信じられてきたのだ。

しかし、近年ようやく縄文時代に対する見方が変わってきた。食料採集の時代でも、農耕民と同等か、それ以上の豊かな暮らしを送っていたことが分かってきたのだ。また、農耕をはじめると天候によって不作の年が出来し《しゅったい》、飢餓によって人々は死ぬこともあるが、狩猟採集民は、季節ごとのありとあらゆる食料入手方法を知っていたし、縄張りを造り、必要以上の殺生はしなかったから、飢えることがなかったのだ。おそらく縄文人たちは、「稲作を選択すれば、暗黒の時代がやって来て、人と人が争うだろう」と、本能的に感じとり、「稲作を選択しなかった」のだろう。

しかし、やがて時代のうねりをはね返すことはできなくなり、西日本、東日本へと、稲作は伝わっていった。そして、恐れていたことは現実となり、戦乱の時代に突入していったのだ。

問題は、卑弥呼が登場し、このあとヤマトに前方後円墳が出現した頃、それまでの混乱が嘘だったかのように、平和な時代が訪れたことだ。とすれば、ヤマトに強大な王が乗り込み、周囲を圧倒し、独裁権力を握り、恐怖政治を布《し》いていたのだろうか。だからこそ、目を見張るほどの大きい古墳を造ることができたのだろうか。

水利の役に立ったのが前方後円墳だったとしても、戦乱の時代を魔法のように終焉させたのがヤマト建国で、連合体完成の象徴が前方後円墳とすれば、それは強い権力を見せつけるためだったのだろうか。

前方後円墳は平和な時代の象徴

前方後円墳の出現によって、平和な時代が到来していたが、前方後円墳の成り立ちを知れば、その理由もわかってくる。

次章で詳しく触れるが、ヤマト建国はひとりの征服王の仕業ではなかったのだ。

多くの地域の首長が参画していて、埋葬《まいそう》文化も持ち寄っていたようなのだ。弥生時代後期に各地で個性豊かな墳丘墓《ふんきゅうぼ》や墳墓が生まれていて、それらの要素を、前方後円墳に組み込んだと考えられている。

前方後円墳が誕生した纏向遺跡にも、各地から土器が集まっていたことも分かっている。内訳は、以下の通り。

東海四九%、山陰・北陸一七%、河内一〇%、吉備七%、関東五%、近江五%、西部瀬戸内三%、播磨三%、紀伊一%

意外なことはふたつある。まず第一に、北部九州の土器が、ほとんどみつかっていないことだ。北部九州は、朝鮮半島にもっとも近いという地の利を生かして、弥生時代の日本列島をリードしていた。鉄器の保有量も、他地域を圧倒していた。また、神武東征説話《じんむとうせいせつわ》が南部九州（日向《ひむか》）から始まっていて、史学者たちは「実際には北部九州だったのに、天皇家の歴史を古く、遠くに見せかけるために、あえて南部九州から東に向かう設定を選んだ」と、高をくっていたのだ。そして、邪馬台国《やまたいこく》北部九州論者は、邪馬台国は北部九州から東に移ってヤマトが建国されたと主張していたのである。

ところが、纏向から北部九州、南部九州の土器がほとんど出てこないのだ。これは大きな謎になった。

そして第二に、東海と近江、そして関東の土器を合わせれば優に半数を越えてしまう。考古学者は、「労働力として利用しただけ」と、関心を示さないが、後に触れるように、「東や近江の実力」を無視していたがために、これまで邪馬台国とヤマト建国の真相がつかめなかったのである。

それはともかく、前方後円墳に集まってきた弥生後期の埋葬文化とは、いったいどのようなものだったのだろう。

代表的なのは、出雲（島根県東部）と吉備《きび》（岡山県と広島県東部）の墳丘墓だ。出雲は四隅突出型《よすみとっしゅつがた》墳丘墓の貼石《はりいし》が、吉備は楯築弥生《たてつきやよい》墳丘墓（岡山県倉敷市）と特殊器《き》台《だい》形土器・特殊壺形土器がヤマトに影響を与えた。

そこでまず、出雲と吉備の話をしておかなければならない。ヤマトの前方後円墳のベースとなった埋葬文化である。

出雲の四隅突出型墳丘墓の謎

出雲といえば、神話が名高い。神話の三分の一を出雲神話が占めているし、「神話らしい神話」といえば、出雲を思い浮かべる。大国主神《おおくにぬしのかみ》の稲羽《いなば》の素兎《しろうさぎ》や国譲り神話は、特に有名だ。『出雲国風土記《いずものくにのふどき》』には、国引《くにび》き神話も残される。

『日本書紀』の中では、出雲神は天皇家の祖神の敵という位置づけだが、なぜか「出雲信仰」は広く伝播《でんぱ》した。神話の主役の大国主神（大己貴神《おおあなむちのかみ》・大物主神《おおものぬしのかみ》）や事《こと》代主神《しろぬしのかみ》は、各地の神社で祀られ、さらに、七福神の「大黒様」や「えびす様」に習合して、庶民に親しまれていく。

けれども、戦後しばらくの間、「出雲という勢力が実在したわけではない」と信じられていた。「皇祖神《こうそしん》の反対概念として編み出された」というのだ。

これは仕方のないことで、山陰地方の開発が後回しになり、発掘調査も遅れ、長い間めぼしい遺物の発見がなかったのだ。ところが、昭和五十九年（一九八四）八月以降、島根県出雲市斐川《ひかわ》町の農道建設予定地から銅剣《どうけん》三百五十八本、銅矛《どうほこ》十六本、銅鐸《どうたく》六個と、大量の青銅器がみつかった。それまで青銅器の文化圏は北部九州

荒神谷遺跡（島根県出雲市）

と畿内のふたつとみられていたが、出雲にも、それを上まわる数の青銅器が所持されていたことが分かったのだ。これが荒神谷《こうじんだに》遺跡である。

『出雲国風土記』大原郡《おおはらのこおり》神原郷《かむはらのさと》の段に、次の一節がある。

天《あめ》の下造《したつく》らしし大神《おほかみ》の御財《みたから》を積み置き給ひし処《ところ》なり

どうやら、荒神谷遺跡に青銅器を埋めた事実は、出雲の人々の記憶に残っていたようだ。神話じみた伝承も、安易に笑殺することはできない。

このあと、山陰地方から、続々と遺跡が現れた。考古学者や史学者を驚かせ、

西谷墳墓群（島根県出雲市）

かつての常識は、次々と破られていったのだ。

加茂《かも》岩倉《いわくら》遺跡（島根県雲南《うんなん》市加茂町）から、銅鐸三十九個がみつかっている。それまで一ヵ所の遺跡から見つかった銅鐸の数では、群を抜いていた。鳥取県の妻木晩田《むきばんだ》遺跡（西伯《さいはく》郡大山《だいせん》町）や青谷上《あおやかみ》寺地《じち》遺跡（鳥取市青谷《あおや》町）も弥生時代後期の山陰地方の繁栄を、今に伝えたのだった。「神話の出雲」は、絵空事ではなかったのだ。

興味深いのは、出雲が青銅器祭祀をいち早く取りやめ、それに代わって大きな首長墓を造り始めたことだ。

出雲を代表する首長墓は、西谷《にしだに》墳墓群（出雲市大津町）で、西谷三号墓、同四号墓、同九号墓はどれも、一辺四〇メートル級の四隅突出型墳丘墓だ。西谷三号墓は、高さ四・五メートル、四〇×三〇メートルの方墳の四隅に突出部がついている。吉備の特殊器台《きだい》、特殊壺がみつかっているのも興味深い。

四隅突出型墳丘墓は、方形の墓（台状に高く盛り土されているが、段差程度の低いものもある）の四隅が出っ張って「ヒトデ」のような形になっている。最小の四隅突出型墳丘墓は、一メートルというかわいらしいものもある。亡くなった子供を埋めたのだろう。

四隅突出型墳丘墓の特徴は、この出っ張りと、側面に張り巡らされた「貼石《はりいし》」だ。この「貼石」がヤマトにもたらされ、前方後円墳の「葺石《ふきいし》」になったと考えられている。

四隅突出型墳丘墓は出雲で盛行し、日本海づたいに北陸地方に伝播している。ただし、もっとも古いものは、広島県三次《みよし》市四拾貫町《しじっかんまち》の陣山《じんやま》墳丘墓で、周辺から計五基みつかっている。弥生時代中期後葉の四隅突出型墳丘墓だ。これは、出雲のものよりも古い。当然、四隅突出型墳丘墓は、三次盆地で生まれたと考えられてきた。

ところが、平成十五年（二〇〇三）から翌年にかけて、出雲市でみつかった四隅突出型墳丘墓が、もう少し古い可能性も出てきた。また、岡山県や兵庫県でも、古いタイプの四隅突出型墳丘墓がみつかっている。

ところで三次市のある三次盆地は、古代の行政区域は吉備国（備後《びんご》）だが、ここから江《ごう》の川《かわ》（可愛川《えのかわ》）を下れば日本海に出られる。知られざる交通の要衝なのだ。三次が先か、出雲が先か、まだ決定的ではないが、両者の間に何かしらの交流があったことは、まちがいあるまい。

そして、出雲の弥生時代後期後半の四隅突出型墳丘墓は、東西にふたつの勢力圏があって、ひとつは西谷墳墓群の出雲市、そしてもうひとつは、安来《やすぎ》市だ。この二大勢力は、後に出雲大社の祀られる「杵築《きづき》」と、出雲国造家の地盤で行政府の置かれた「意宇《おう》」に分かれていくのである。

吉備の特殊器台形土器と双方中円式墳丘墓

もうひとつ大事なのは、吉備だ。

吉備で特徴的なのは、「特殊器台」なのだが、すでに弥生中期後葉の集落遺跡に、「普通の器台」は現れていた。壺や甕《かめ》を乗せるための土器で、壺と器台は次第に変化していく。壺の頸は次第に伸び、器台は径が大きくなり、やや低くなって安定していく。

これらの土器はあまり多く出土するわけではない。「生活の道具」ではなく、みなで神を祀る時に用いたようだ。神に新穀《しんこく》や酒を捧げ、神と共に食し飲むという農耕祭祀、儀礼だろう。

ところが、弥生時代も後期後葉になると、集落から器台が消えていく。その代わり、大型で厚手、二重口縁、頸は長く上部がすぼんだ特殊器台形土器と、これに乗せる特殊壺形土器となって、楯築《たてつき》弥生墳丘墓などに並べられ、神との共食の儀式に用いられるようになったのだ。

特殊器台形土器には、横に平行な文様帯が六〜一〇条ほど彫り込まれ、その間に平行な筋の入った無文帯《むもんたい》が交互に走っている。これは、楯築神社（岡山県倉敷市）の御神体・弧帯石《こたいせき》（亀石）に刻まれた謎の文様にそっくりで、吉備独自の複雑で立体的で精密な、連続する幾何学文様だ。ふたつの生きものが絡み合っているようにも見える。その交錯の間にできあがる丸い空間は、こちらを覗き込む「目」にも見える。怖ろしさと威厳に満ちた、「神の目」に思えてならない。あるいは、神社の「注連縄《しめなわ》をデフォルメ」しているようにも思えてくる。

特殊器台形土器のもうひとつの特徴は、「大きい」ということだ。筒型で長大で、

楯築神社の弧帯石（岡山県倉敷市）

高さは一メートル前後だ（小さい物は装飾普通器台と呼ばれている）。銅鐸が巨大化したように、特殊器台も、突然大きくなったのだ。また「丹《に》」が塗られている。

ひょっとして、弥生人が思い描く神の姿は「巨人」で、そのイメージされた神に合わせて、銅鐸や特殊器台が造られていたのではないかと思えてくる。

とは言っても無限に大きくなっていったわけではない。特殊器台で最大のものは、一メートル一五センチで、それはなぜかといえば、器台の上に大きな壺（特殊壺。高さ五〇センチほどある。特殊器台と特殊壺を合わせると、「弥生時代末期の平均身長＝約一六〇センチ」とほぼ同じぐらいか）を乗せるための限度だったと思われる。

特殊壺は、特殊器台と合わせれば胴の部分が玉葱形《たまねぎ》に膨らみ、その張り出しに三条（あるいは二条）の突帯がつき、突帯と突帯の間に平行沈線や鋸歯文《きょしもん》など文様が描かれる。

この特殊器台形土器と特殊壺が用いられていた代表的な吉備の墳丘墓が、楯築弥生墳丘墓だ。「双方中円式墳丘墓《そうほうちゅうえんしき》」で、これは円墳（径四〇メートル）の両側に方形部（約二二メートル）がつながったものだ（全長約八〇メートル）。片一方の方形部を取り外せば、前方後円墳になる。

円形の墳丘の真ん中に遺体が収められていた。三・五メートルの木槨《もっかく》の中に二メートル×〇・八メートルの木棺を埋め、棺の底に三〇キログラムという大量の朱を敷いていた、鉄剣、ヒスイの勾玉《まがたま》、碧玉《へきぎょく》の管玉、ガラスの小玉が副葬されていた。ただし、銅鏡はなかった。

この楯築弥生墳丘墓を発掘調査した近藤義郎《こんどうよしろう》は、その形と「特殊器台形土器」の存在から、この墳墓が弥生墳丘墓と前方後円墳の橋渡し役だったと指摘している。「失われた環（ミッシング・リンク）」なのだという（『前方後円墳と吉備・大和』吉備人出版）。

極論すれば、吉備の埋葬文化がヤマトの前方後円墳の原型になったわけである。

出雲と吉備社会の変貌

出雲の四隅突出型墳丘墓と吉備の楯築弥生墳丘墓は、ふたつの地域社会が大きく変革していたことを今に伝えている。

まず、四隅突出型墳丘墓の「突出部」は、次第に変化して長く大きくなっていく。最初は小さな突出部に石が三つか四つ乗っかっているだけだったのが、貼石が裾野まで並べられるようになっていった。さらに、溝状の石が墳墓の裾のみならず突出部の側面と前面に施されるようになった。この様式は、出雲だけの独自のものとなったのだ。ただの出入口ではなく、シャモジ形にふくらんでいる。

近藤義郎は、四隅突出型墳丘墓が出雲でオリジナリティが加えられたことについて次のように指摘している。

この時期こそ、出雲という集団の結びつきの成立ではなかろうかと。それまでバラバラだった出雲の諸集団が初めて自らを自覚した時期ではなかろうかと思うのであ

ります。（前掲書）

つまり、出雲の成立とは、まさに四隅突出型墳丘墓が象徴していたというわけだ。

また、出雲で盛んに四隅突出型墳丘墓を造るようになった頃、吉備でも変化があった。方形や円形の墳丘墓が造られていたが、吉備の特徴は、墳丘上で土器を使って首長霊との共飲共食の祭祀を行っていたことだ。すなわち、弥生時代後期中頃、吉備の諸集団が、特殊器台と特殊壺を使った共通の埋葬の儀式を行うようになったのだ。近藤義郎は、これが、吉備の成立だったという。

ではなぜ、吉備の双方中円式墳丘墓や前方後円墳は、円墳に余分な方形部を付け足したのだろう。

最初は円墳や方墳に周溝が造られて、はっきりと「こちらとあちらの世界」に区切りがつけられた。ところが「儀式をするのに不便だから」と、溝の一部に盛り土をしてこちら側とあちら側をつなぎ、土で橋を造って前方後円墳や前方後方墳の原型となる形が出来し、さらに、その通路となる部分をも、濠で囲んで、前方後円墳が完成したというのが、今日的解釈だ。四隅突出型墳丘墓の四つの出っ張りも同じ原理だ。やはり、墳丘墓が高くなったので、登りやすいように、ということらしい。

ところで、ヤマトにもたらされた埋葬文化の中で、吉備の「影響力」が大きかったこともあり、楯築弥生墳丘墓を発掘した近藤義郎の発言力も高まった。そして楯築弥生墳丘墓や前方後円墳の上で、前代の首長霊の継承が行われ、首長権が次世代に受け継がれていたという近藤義郎の推理が、有力視されるようになったのである。

神を祀り神と共に食事をいただくという神事

首長霊の問題に絡めて、こんな話もある。

古墳の副葬品の変移は、墓ではない祭祀遺跡での供献品の変化とよく似ているという。弥生時代後期には、銅鏡、玉類、鉄製の刀剣、工具を墓に埋めていたが、ヤマト建国の前後から、鏡、鉄製武器、工具が増え、これに農具が加わった。四世紀後半には、銅鏡の数が減り、斧《おの》や刀子《とうす》などの石製模造品が出現する。五世紀前半には、鉄製武器と武具、農耕具、帯金具、馬具が増えている。この組み合わせの内、帯金具と馬具を除けば、五世紀半ばの祭祀遺跡と重なっているというのである。『日本書紀』の神武東征の場面に、当時の祈りの実態を知るための貴重な記事がある。

紀伊半島に迂回してヤマトに迫った神武は、菟田《うだ》の高倉山《たかくらやま》（奈良県宇陀《うだ》市大宇陀《おおうだ》守道《もち》）の頂に登り、辺りを見晴らした。すると国見丘《くにみのおか》（宇陀市と桜井市の境にある経《きょう》ケ塚山《づかやま》か）の上に八十梟帥《やそたける》が立っていた。周囲には男女の軍団が火を焚いて待ちかまえ、また、兄磯城《えしき》なる者が磐余邑《いわれのむら》（桜井市中部から橿原市東南部）で手ぐすね引いて待っていた。賊の構えるところはどこも要害の地で、道は塞がれ、このままではヤマトに入ることはできないと察した。

するとこの夜、神武は夢をみた。天神が現れ、つぎのように告げた。

「天香山《あまのかぐやま》（天香具山）の社の中の土を取って、天平瓮《あまのひらか》（平らな土器）八十枚をつくり、また厳瓮《いつへ》（甕）をつくり、天神地祇《てんじんちぎ》を敬い祀れ。さらに厳呪詛《いつのかしり》を行え（呪いをかけろ、ということ）。そうすれば、敵はおのずから平伏するであろう」

そこで、椎根津彦《しいねつひこ》（珍彦《うづひこ》）に卑しい服と蓑笠《みのかさ》を着せ、老父の格好にし、弟猾《おとうかし》に箕《み》を着せ老婆の格好をさせ、勅《みことのり》してつぎのように命じた。

「二人で天香山にいたり、密かにその頂の土を取ってきなさい。ヤマト建国の大業《あまつひつぎ》の成否は二人が土を取ってこられるかどうかで占ってみよう」

こうして二人は天香山に向かった。だが敵兵が道に満ちあふれ、とても通れそうになかった。そこで椎根津彦は、祈り、占った。

「わが皇《きみ》（神武）がこの国を治めるべき人ならば、行く道を通わせ賜え。もしそうでないのなら、われらは賊に討たれるだろう」

すると、二人の姿を見た賊は、「みっともないやつらだ」と大いに笑い、罵声を浴びせた。その隙をついて、二人は山にいたった。土を取って帰り、その土で八十《やそ》平瓮と厳瓮などをつくり、神武は丹生《にう》の川上《かわかみ》（奈良県吉野郡東吉野村小川）に登り、天神地祇を祀り、敵に呪いをかけた。

冬十月、厳瓮の供物を召し上がり、兵を整え出陣した。八十梟帥《やそたける》を国見丘に破り、神武はこの戦が必ず勝つと信じていた……。

ここで大切なことは、戦勝を祈願する祭祀のなかで、天神地祇に供物を捧げ、自らも食すという行動だ。これが、神祭りの基本であり、弥生時代から継承された伝統でもあった。大きな祭りのあとに執り行われる「直会《なおらい》」も、同じ意味だ。神と祀る者が、同じ物を食べる。もちろん、前方後円墳でも、そっくりな祭りが執り行われていたのだ。そしてこの場合、古代の祭式の様子を今に伝える『内宮儀式帳《ないくうぎしきちょう》』の示す内容と共通点が多いという。

ちなみに、神社の社殿の前に捧げられたお神酒《みき》を勝手に呑んでしまってもかまわないのは、飲食供献という伝統に則《のっと》った行為だからである。

つまり、神に祈り、祀る作法と、「祖」を葬り、祀る方法は、まったく同じだったのだ。前方後円墳で祀っていたのは亡くなった首長や王であるとともに祖霊であったとしても、なんら不思議なことではない。

じつは、ここには信仰上の問題だけではなく、弥生時代後期の戦乱やヤマト建国のいきさつも大いにかかわっていたと思われるが、その件に関しては、のちに詳しく触れることにして、ここではまず、古代人が何を考えていたのか、「霊」や「神」、そして「天皇（大王）」について考えておこう。

なぜ天皇は恐れられたのか

巨大な前方後円墳を見上げれば、「古代の天皇の権力の大きさ」を連想しがちだ。

しかし、次章で再び触れるように、ヤマト建国は「祭司王をみなで担ぎ上げた」事件だった。

「魏志倭人伝」の記事の中に、倭国の中心・邪馬台国には、城柵が築かれていたとあるが、ヤマト発祥の地・纏向には、城柵がまったくみつかっていない。防衛のための「環濠《かんごう》」や「環壕（空堀）」も存在しない。邪馬台国からヤマト建国の間に、何かしらの変化が起きていたことは、間違いない。

歴代天皇の住まい（宮）も、無防備この上なかった。新益京《あらましのみやこ》（藤原京）や平城京、平安京は、中国の都を意識して造られたというが、やはり中国の皇帝が身を守るために築いた城壁がまったく存在しない。

もし仮に、ヤマトの王が独裁王なら、このようなことは起きなかっただろう。弥生時代後期の混乱と戦乱の中から生まれた「ヤマト」の謎が、ここにある。おそらく、ヤマトの王は祭司王として担ぎ上げられ、それがうまく機能したということだろう。

長い間、「天皇に手をかけると恐ろしい目に遭う」と信じられてきた。これは天皇をめぐる大きな謎とされてきた。

具体的には、幕末の慶応四年（一八六八）一月の鳥羽伏見の戦いが挙げられる。

幕府軍は一万五千、これに対し薩長軍はわずかに四千。われわれは勝敗が分かっているから「近代兵器で武装した薩長軍の楽勝」と考えがちだが、途中まで、勝敗の行方は分からなかったのだ。ところが、硬直した戦線に「錦《にしき》の御旗《みはた》（天皇のお墨付き）」を掲げたことで、幕府軍は朝敵になり、寝返りが相次いだ。みな、天皇に歯向かうことを嫌ったのだ。

さらに時代を溯《さかのぼ》れば、鎌倉時代の承久《じょうきゅう》の乱に行き着く。

後鳥羽《ごとば》上皇（上皇とは、譲位した天皇、太上《だいじょう》天皇の略称。院。次の天皇を指名するという人事権によって、権力を維持した）は鎌倉の三代将軍・源実朝《さねとも》を推していたが、実権を握っていたのは北条氏で、幕府と朝廷の間に不協和音が響いていた。実朝が暗殺されると、いよいよきな臭くなってきた。承久三年（一二二一）、後鳥羽上皇は、ついに北条義時《よしとき》追討を命じた。しかし、鎌倉幕府は十九万もの大軍で西に向かい、朝廷軍は圧倒されてしまったのだ。

この時、もし「錦の御旗」を掲げて朝廷軍が攻めてくれれば、大軍を率いていた北条義時の子の泰時《やすとき》は、無条件に降伏するつもりだったらしい。

ただし、この事件には、後日譚がある。

隠岐《おき》（島根県隠岐の島町）に流された後鳥羽上皇は、延応元年（一二三九）に没する。幕府もこれで安泰かと思われたが、三浦義村《よしむら》、北条時房《ときふさ》ら、幕府の要人が相次いで亡くなり、後鳥羽上皇の三年後、北条泰時も発狂して頓死してしまった。人々は「天魔蜂起《てんまほうき》」と語り合い、後鳥羽上皇の祟りにおびえた。

「祟りなど、下らない迷信だ」と思うかもしれない。しかし、天皇や上皇に歯向かい、手をかければ、恐ろしい目に遭うと信じていたからこそ、禁を犯してしまった罪の意識から、何でもかんでも祟りに思えてくるものなのだ。

なぜ、天皇は恐ろしかったのだろう。この不思議な「思い込み（信仰）」と、「宮が無防備」という謎は、強い因果でつながっていたと思う。天皇は恐ろしいから、誰も危害を加えられなかったのだと思う。

ならば、そのトリックのような状況が、どのようにして生まれたのだろう。ここに、日本人の信仰の本質が隠されていると思うのである。

結論を先に言ってしまうと、天皇は神なのだ。神と同一だからこそ、天皇を傷つけることはタブーだったのだ。

日本は朝鮮半島に圧倒されたわけではない

しばらく、日本人の信仰について考えておきたい。巨大な前方後円墳の謎も、まず日本人が何を考えていたのかを知らないと、その理由が分からない。

不思議なことだが、朝鮮半島から先進の文物がもたらされたあと、列島人はなぜか最先端の道具を「祭器」にして、しかも、どんどん大きくしていくという「クセ」があった。最たるものは、銅鐸だ。

銅鐸は「鳴らして使う道具」で、最初日本に伝えられたときは、カウベルのような小振りなものだった。ところが、光り輝く青銅器(発掘された銅鐸や銅剣は緑色をしているが、制作当時の青銅器は、黄金色に輝いていた)を、祭祀具にしたのだった。そして少しずつ大きくなり、最後は一メートルを超す化け物に成長したのだ。これは、「見る銅鐸」と呼ばれている。

墳墓もよく似ている。弥生時代後期に墳丘墓が生まれ、三世紀になると、ヤマトの纏向で、前方後円墳が産声を上げた。初期の箸墓(箸中山《はしなかやま》古墳)でも全長二〇〇メートルを優に超えているのだから、やはり日本人は、大きいものが好きなのだ。

くどいようだが、朝鮮半島には、これだけの規模の墓は、造られていない。

日本列島と朝鮮半島の住民の間に、なにか大きな発想の差があったように思えてならないのだ。そしてそれは、信仰の差であり、その信仰とは、風土が生み出した日本独自の発想ではないかと疑っている。

古代日本は、朝鮮半島や中国から伝わった文化に圧倒され、なにもかも受け入れたと、漠然と信じられてきたように思う。江上波夫の騎馬民族日本征服説が戦後の史学界に強い影響を及ぼし、多くの文物が朝鮮半島から日本に持ち込まれ、征服者がヤマトを席巻したと、考えられるようになった。

また、現代人に渡来系の遺伝子が強く残されていたことが分かってきて、弥生時代の始まりとともに、渡来人が押し寄せ、あっという間に先住の縄文人は駆逐され、稲作は一気に東に向かって普及していったと考えられるようになった。その後も「強い王」が朝鮮半島から日本に渡ってヤマトを征服したという、漠然とした常識がまかり通っていたのである。

ところが、次第にこのような発想は、通用しなくなってきた。

まず、渡来人が大量に北部九州に流れ込み、稲作をはじめたのではなかったことが分かってきた。少数の渡来があって、稲作を受け入れ選択したのは、むしろ縄文人の方だったこと、渡来人は縄文人と融合し、その後稲作の進展によって人口爆発を起こしていた可能性が高くなってきたのだ。

もちろん、稲作民のもたらした文化が日本に強い影響を及ぼしたことは、間違いない。たとえば、神社の鳥居も、日本のオリジナルではない。原型は、海の外からもたらされたものだ。しかしだからといって、すべてが借り物だったわけではないし、一方的に文物が日本にもたらされたわけではない。

また、日本にもたらされた先進の文物は「お恵み」だったはずもなく、日本海を自由に往来していた倭の海の民が、交易によって取捨選択し、持ち帰ったものが多かったはずだ。その倭の海人たちは、縄文時代から続く航海術を伝えてきた人たちだ。

つまり、倭人の三つ子の魂は、縄文時代まで溯るはずだ。そして神道の基層には、一万年続いた縄文文化が横たわっているはずなのである。

日本人にとって神とはどのような存在なのか

そもそも、日本人にとって、「神」とはどのようなものだろう。

『日本書紀』や『古事記』には、大勢の神々が登場している。いわゆる「八百万《やおよろず》の神々」で、アニミズムから発展した多神教は、「あらゆる場所に、神は宿る」と考える。また、森羅万象、ありとあらゆる現象も、神の仕業と信じられた。これは、ひとりの神が宇宙を創造したという一神教とは、決定的に違う。

とは言っても、「神」であることに変わりはない。ならば、一神教の神と多神教の神は、どう違うのだろう。そして、日本人にとって、古代人にとって、神とはいかなる存在だったのだろう。

本居宣長《もとおりのりなが》は『古事記伝《こじきでん》』の中で、神（迦微《かみ》）について、次のように語っている。

「迦微と申す名義《なのこころ》は未《いまだ》思得ず」すなわち、神の名義の意味は、よくわからないといい、「旧説はどれもあてにならない」という。本居宣長が神をあえて「迦微」と書くのは、漢字の「神《しん》」ではなく、古代の列島人が「カミ」と呼んだ「日本人にとっての神」そのものの言葉の意味（名義）がわからないといっているのである。

その上で、「迦微」とは古典などに見える天地の諸々の神たちや、祀られる社に「坐《います》御霊《みたま》」もそうで、さらに、鳥獣木草の類、海山など、尋常ならざるすぐれたる「徳《こと》」があり、「可畏《かしこ》き物」を神と呼ぶのだという。

ただし、「すぐれたるもの」は、尊いもの、善、正しく立派な功績などという一般常識だけでは説明できないという。「悪きもの奇しきものなども」神と言うのだと指摘している。

それだけではない。「迦微」は、いろいろな種類があって、しかも尊いものも賎しいものもある。強い者、弱い者もいる。善の神がいて、悪の神がいるというのだ。これは、「唯一絶対の神」をいただく一神教と大きく異なる点だ。なぜ、日本の神は、悪い神も混じっていたのだろう。

ヒントを握っているのは、「鬼」だ。平安時代以降「鬼」は「おに」と訓まれるようになったが、それ以前は「モノ」と呼んでいた。「もののけ姫」の「もの」は、まさに「鬼」なのだ。「もののけ」といえば「化け物」を意味するが、「モノ」は「鬼」だったのだから、当然のことだ。

ではなぜ、「鬼」をモノと呼んだのかといえば、磐座《いわくら》や依代《よりしろ》・招代《おぎしろ》がそうであるように、精霊や神は「物に宿る」と信じていたからだ。「物に宿る精霊（神）」だから、「モノ」そのものが特別な存在とみなされたのだ。ただし、それでは、「モノが鬼」の説明にはなっていない。

簡単なことなのだ。日本人にとって、神とは正義の味方ではなく、時には悪いこともする「人間的な存在」であり、神も鬼も、「出どころはいっしょ」だったのだ。

表は神、裏は鬼、と考えれば良い。神には荒魂《あらみたま》と和魂《にぎみたま》があって、荒々しい状態の神を必死に祀り、和魂の神に変身していただく。これが、神祭りの根源なのだ。むずかしく考えることはない。「カミは大自然と同じ」と解釈すれば、スムーズに説明ができる。

神（大自然）は、人々に恵みや豊穣をもたらすありがたい存在だが、実際には、恐ろしいことを平気でするものだ。台風や地震、火山の噴火、そして疫病は、人間を苦しめ、人々が死んでしまうこともある。災害列島の住民は、大自然の猛威の前に、「なすすべもない」と、あきらめ、ひたすら祈るほかはなかった。すなわち、大自然は神そのものであり、神は恐ろしい災難をもたらす人智を越えた力をもっている。この「人智を越えた力」こそ、「神の正体」である。人びとは時に、暴れ回る神々を、「祟る恐ろしい存在」と考えたのだ。

大自然（宇宙、森羅万象）は、人間の考える「善悪」ではかることはできない。幸をもたらすありがたい「神」と、災いをもたらす恐ろしい「鬼」、どちらも大自然だ。大自然は、神と鬼であり、神と鬼は表裏一体なのだ。ここに、日本人にとっての神の本質が隠されていたのである。

また、日本人にとっての神が「大自然そのもの」とわかれば、「神（現人神《あらひとがみ》）の天皇（大王）」が、なぜ恐れられたのか、その意味がはっきりとする。天皇は神であり、大自然であった。だから、天皇＝神の怒りを恐れたのである。

甲冑を着て神に立ち向かった首長

大自然の猛威に敢然と立ち向かった英雄が、たまたま考古学者の手で掘り出されている。

群馬県渋川市の吾妻川《あがつまがわ》沿いの金井《かない》東裏《ひがしうら》遺跡で、榛名山《はるなさん》の大噴火に巻き込まれた身長一六三センチの男（当時の平均身長に近い）が発見されたのだ。小札甲《こざねよろい》（挂甲《けいこう》）を着込み、周囲に鉄鏃《てつぞく》が散らばり、少し離れた場所に鉄鉾がみつかっている。甲冑《かっちゅう》を着込んでいて、火砕流に呑みこまれてしまったようだ。周辺からは、土器を供えた祭祀場、円墳、各種建物、乳幼児や首飾りをした女性などもみつかっている。

男は、「普通の人」ではない。鋲《びょう》でとめた短甲とは違い、小札をヒモや皮でつなぎ綴じる小札甲は、ひとつの首長墓からひとつ出てくるだけで、一般人がもてるような代物ではない。ヤマト政権から贈られたものと考えられている。とすれば、遺体はこの地の首長だった可能性が高い。ならばこの男、いったいなにをしていたのだろう。

若狭徹《わかさとおる》は次のように述べる（『東国から読み解く古墳時代』吉川弘文館）。

榛名山の鳴動変事は神の仕業と認識されていたはずである。これを恐れ敬い、贄《にえ》や器物を供えて祭祀を重ねたにもかかわらず、ついに山の神が「荒ぶる神」に変じた時、首長は最終手段として武装し、対峙したのではないか。

まさにそのとおりだろう。

『常陸国風土記《ひたちのくにのふどき》』行方郡《なめかたのこおり》の条に、次の一節がある。

古老が言うには、継体天皇の時代にひとりの人がいた。箭括《やはず》氏の麻多智《またち》で、郡の西の谷の葦原を開墾した。この時、夜刀《やつ》の神（谷の神・ヘビ）が、群を率いて妨害した。麻多智は大いに怒り、甲冑を着て、鉾を取り、撃ち殺し追いやった。山の登り口に至り、しるしの杖を立て、夜刀の神に、「ここから上は神の土地にしよう。けれどもここから下は、人の田にする。今からのち、私は祀祭者となって、永代にわたって祀ろう。だからどうか、祟らないでほしい。恨まないでほしい」

と懇願した……。

この一節は重要で、古代の地方の首長が、甲冑を着込み、武威を示し、害する者を圧倒し、また、祟る神を祀っていたことが分かる。この様子から見て、上毛野《かみつけの》の甲冑を着込んで火砕流に巻き込まれた男も、この地の安全を護るために、榛名山の噴火に立ち向かい、山の神を鎮めようと奮闘するも、大噴火でとどめを刺されたとみなすべきだろう。

甲冑を着込んでいたが、力でおさえようとしたというよりも、それこそ神頼みであり、呪術で神の怒りを抑えようと考えたのだろう。

死生観の歴史

日本人にとっての神がわかったところで、日本人の死生観と埋葬文化の歴史を振り返っておこう。

縄文時代よりもさらに古く（旧石器時代）から、すでに人が死ぬと、葬送を行っていた。もちろん縄文時代にも死者は葬られた。縄文人の集落は円形や馬蹄形をしていて、外側にはゴミを捨て、内側の広場を祭儀空間にしていた。しかも、死者は集落の内側に葬られていた。縄文人にとって、死は穢《けが》れでもなく、生と死はすぐ近くにあると信じられていたのだろう。

ところが、弥生時代になると、大きく考え方が変わってしまったようだ。円形の集落は姿を消し、縄文時代のように中央に広場を持たず、ただの家屋が集まっただけの空間になった。それぞれの家屋は溝で分けられ、その集落の周辺には環壕や環濠が掘られ、死者は集落の外側に埋められた。生きた人間と死んだ人間は、明確に区別されたのだ。墓の四方には、家屋と同じように溝が掘られ、中には内側に盛り土をする墓も現れた。これが方形周溝墓《ほうけいしゅうこうぼ》だ。周囲に、家族墓が営まれるようになる。

狩猟採集の縄文時代と稲作が選ばれた弥生時代では、生業の違いによって生まれた「社会生活の違い」「社会構成の変容（格差の発生）」が、このような埋葬形態の差を生み出したのだろう。

方形周溝墓は弥生時代に広い地域で受け入れられていくが、出雲や吉備で弥生墳丘墓が生まれ、そのあと突如として、前方後円墳の時代がやってくるのだ。

前方後円墳とは、どのような古墳なのだろう。もちろん、上空からみた形が、円形と方形の組み合わせなのだから、一目瞭然なのだが、弥生墳丘墓と前方後円墳の間には、いくつかの差がある。

近藤義郎は大きく四つの差を指摘している（『前方後円墳と弥生墳丘墓』青木書店）。ちなみに、同じ前方後円墳でも、三つの時代で、大きく中身が変わっていくのだが、ここでは、弥生時代から古墳時代に遷《うつ》ったときの特徴を言っている。

まず第一に、前方後円墳という「型式」「形」が定まったこと。第二に、非常に長い棺を用いるようになったこと。これを、割竹形《わりたけがた》木棺という。木を二つに割って、中を刳《く》り抜いて造った。短くても四メートル、長いものでは八〜九メートルもある。木棺も長いから、それを覆う石槨《せっかく》（竪穴式石槨）も長い。石槨の下半分をまず造り、そこに木棺を納め、そのあとに、石槨の上の部分をこしらえた。

第三に、副葬品の差が挙げられる。特に中国鏡をたくさん埋納してある（三角縁《さんかくぶち》神獣鏡《しんじゅうきょう》が中国鏡かどうかは、はっきりとしていないが）。それから、武器、生活用具などだ。第四に、弥生墳丘墓の上で儀式を行うにさいし、壺を器台形土器（特殊器台）に乗せていたが、器台は円筒形の埴輪（円筒埴輪）になった。また、壺も、

「壺形の埴輪」に変化したのだ。そして、壺には穴を開けた。「使えない土器（底に穴があって実用的ではない）」を使うようになった。

これら四つの要素を合わせて、前方後円墳と呼べるというのだ。そして、三世紀後半から四世紀にかけて、九州から東北地方の南部に至るまで、新たな埋葬文化が広まり、受け入れられていったわけである。

変化した埋葬文化

古墳時代初期の埋葬形態は、桜井茶臼山《さくらいちゃうすやま》古墳（全長二〇七メートルの三世紀末頃と目される前方後円墳。奈良県桜井市）の発掘調査によってはっきりと分かった。

後円部の墳頂に、長さ六・七五メートルの竪穴式石室があって、木棺（コウヤマキ）が納められていた。石室の中には、八十一面の銅鏡、碧玉《へきぎょく》製玉杖《ぎょくじょう》、緑色《りょくしょく》凝灰岩《ぎょうかいがん》製鍬形石《くわがたいし》などの石の儀器、玉類、鉄製武器（刀剣、鏃《やじり》）、鉄製工具（斧、鉇《やりがんな》）が副葬されていた。

石室は朱で赤く塗られ、天井石で蓋をしてある。ベンガラ（赤色顔料）を混ぜた粘土で密閉したのだった。また、石室の周囲に太さ三〇センチほどの丸太材の垣が並んでいた。南北三・七メートル、東西一〇・四メートル、高さ二メートルほどで、その内側に壺形土器が並んでいた。外の世界から丸太材で隔絶していたのだ。つまり、遺体は、木棺、石室、丸太垣《まるたがき》によって、閉じられた空間に収められていたわけだ。

この丸太垣は、メスリ山古墳（奈良県桜井市。二二四メートルの前方後円墳）が造営されるころ（四世紀前半か？）に、巨大円筒埴輪に取って代わられた。四世紀後半には、後円部の墳頂に家形、盾形、蓋形《きぬがさがた》の埴輪が置かれるようになる。その周囲を円筒埴輪で囲み、区画し、遮蔽するようになったのだ。蓋形埴輪が置かれたのは、「高貴な人が眠っている」ことを示している。

五世紀初頭になると、後円部と前方部のつなぎ目の部分の外側の片側、あるいは両側に、四角い（半円形の場合もある）台状の出っ張りが出現する。これが「造り出し」で、遺体を収めたあと、しばらく時間をおいて、追善供養に用いられたようだ。また、祭祀が行われたあと、造り出しに各種の埴輪を並べ、後円部墳頂で行われていた祭祀をくり返した。墳頂部の様子をここに再現していたようなのだ。家形埴輪への飲食供献から始まり、次第に「人物埴輪群が飲食を捧げる場面を演じる」形へと発展していく。

造り出しの儀礼が行われるようになったころ、副葬品に大きな変化が現れる。銅鏡の数が減り、逆に鉄製の武器や武具、農耕具が増え、石製模造品（斧や刀子）が一緒に出土する。そして、鉄製の馬具、鉄鋌《てってい》、金銅製帯金具といった、東アジアからもたらされた先進の文物が副葬されるようになった。

五世紀後半に大きな変化があった。横穴式石室が登場し、儀式で飲食を供献していた土器群は石室内に納められていくようになったのである。

前方後円墳は、三世紀から六世紀まで造られるが、変わっていく部分と変わらない部分がある。変わったことも大切だが、なにが変わらなかったのかも重要なのだ。

変わらなかったのは、遺骸を密閉して外界と遮断することだ。木棺、石棺、粘土《ねんど》槨《かく》、石室で密閉され、その区画ははっきりと丸太垣や埴輪で分けられた。そして第二に、石室は朱で塗られ、粘土に朱が混ぜられ、石室を密閉することに用いられた。石棺の中に朱を用いることもあった。また副葬品の組み合わせは変わらなかった。鏡、玉類、武器、武具、農具、工具が副葬され続けた。最後に、死者に飲食を供えるという儀礼も、守られた。変わらなかったことから、何が分かるのだろう。

次章で触れるように、三〜六世紀のヤマトを主導していた中心勢力は、揺るぎない力を保持し続けたのではないかと思うのだ。それを担ったのは王家だけではなく、王家を支える者たちもだ。王家ばかりに目を奪われていたから、前方後円墳の歴史も見誤ってきたのだ。安定した政権だったからこそ、埋葬文化は継続し、改良、発展したのだろう。

中国の思想を「にがり」にして前方後円墳は生まれた？

ここで考えておきたいのは、前方後円墳を造りあげた「基層」の文化のことだ。前方後円墳の成立には、中国の思想が大きく影響したのではないかと考えられている。たとえば、前方後円墳といえば、大量の銅鏡が副葬されることで知られているが、これは中国の神仙《しんせん》思想に由来している。

古代中国、東晋の道教《どうきょう》研究家・葛洪《かっこう》の『抱朴子《ほうぼくし》』の内篇に、「径九寸（約二一・五センチ）以上の大きさのすぐれた鏡を用いて七日七晩自らを照らせば、神仙にまみえることができる」と記されている。さらに「寿命も延び、鏡は辟邪《へきじゃ》（魔除け）の力を備えている」、と言い、「神仙界（不老不死の理想世界）に行くには、鏡が必要だ」、と言っている。

古墳時代中期と後期の古墳に埋納されていたのは、画文帯神獣鏡《がもんたいしんじゅうきょう》や三角縁神獣《さんかくぶち》鏡で、墓の主を取り囲むように、大量に副葬されていた。それらの鏡の背中側には、中国西方の神仙境・崑崙山《こんろんさん》に棲む西王母《せいおうぼ》、東海の三神山「蓬萊《ほうらい》・方丈《ほうじょう》・瀛州《えいしゅう》」に棲むという東王父《とうおうふ》が、そして、神仙界を守り、そこに導く霊獣たちが描かれている。

その三角縁神獣鏡の大きさは、直径二一〜二四センチで、『抱朴子』の記述に合致している。古墳時代の為政者が、道教思想を意識していたことは、間違いない。

前方後円墳の墳丘上のへりには、前方部、後円部それぞれに円筒埴輪列が形成されるが、後円部墳頂に四角い区画（方形区画）があり、その内側に家、蓋《きぬがさ》、盾、靫形《ゆぎがた》埴輪など人の生活に必要な道具が埴輪にして配置されている（内方外円区画）。これは、中国の「大地は方形」、「天の神が住む場所は円形」という「天円地方」の観念を再現したものと考えられている。

ただし、だからといって前方後円墳のすべてが、中国の影響を受けたからか、というと、縄文時代から継承された伝統も、混ざっているように思えてならない。

山尾幸久《やまおゆきひさ》は『古墳のはじまりを考える』（金関恕《かなせきひろし》・森岡秀人《もりおかひでと》・森下章司《もりしたしょうじ》・山尾幸久・吉井秀夫《よしいひでお》　学生社）の中で、古墳のはじまりの歴史的背景を、次のように述べている。興味深い指摘なので、長くなるが引用させていただく。

日本の考古学者のなかには、この神仙思想、神仙説を古代日本の古墳築造の思想そのものとする方もおられますが、私は、信仰というのは、価値観や生活や自然と密接不可分のものですから、中国人の信仰を丸ごと受け容れるということはないだろうと思っています。

しかし、これがいわば「にがり」となって、弥生時代後期の観念や思想をまとめる核となり、新宗教が組織され、そしてやがて「あの世信仰」が広域の信仰圏を形づくった可能性は、あると思います。

「にがり」というのは、とてもよい表現だと思う。すでに述べたように、すべてが外の文化の模倣ではないはずだからである。

縄文時代から続く信仰

一見して、日本人の信仰は、埋葬形態の変化とともに流転していったのではないかと思えてならないが、意外にも、縄文時代から続いた信仰や発想は、古墳時代になっても受け継がれていたようなのだ。

前方後円墳という埋葬文化は、日本と中国の思想が混ざっているとしても、前方後円墳の形そのものは日本固有なのだから、縄文時代から受け継がれた信仰形態を無視することはできないのである。

たとえば、古墳には鏡や金属製の祭祀具のほかに、ヒスイ（硬玉）が埋納されている。すでに縄文時代から、ヒスイは珍重されていた、しかも、新潟県糸魚川《いといがわ》市周辺のヒスイが、特別視されていたのだ。これも、縄文時代から続く伝統だ。ヒスイは裏側から光を当てると、命を与えられたかのように輝きだす。内に秘めたパワーをみた古代人は、呪具として大切にしたのだろう。

静岡県浜松市の蜆塚《しじみづか》遺跡と福岡県芦屋町の山鹿《やまが》貝塚でみつかった縄文人の屈葬人骨の、ちょうどお腹の上あたりに硬玉製大珠が副《そ》えられていたが、藤田富士夫《ふじたふじお》は『古代翡翠《ひすい》文化の謎』（新人物往来社）の中で、中国山東省の大汶口《だいぶんこう》遺跡の人骨の中に、亀の甲羅や石鏟《せきさん》（石斧状《せきふじょう》の石器に孔をあけた削器）が置かれている例があること、これらが縄文時代に日本と交流のあった中国の河姆渡《かぼと》遺跡と関わっていて、不老長寿の神仙思想に根ざしていたことを指摘した。

そして縄文人の「お腹に副えられた硬玉製大珠」に注目している。これは「亀甲」に通じ、母胎回帰を暗示していて、要は再生への願いではないか、というのだ。「ヒスイの鉱物としての不変性によって裏付けされているもの」(前掲書)だという。

しかもこの縄文人の信仰は、古墳時代にも継承されていると指摘する。その証拠が、次の万葉歌だ。

渟名川《ぬなかは》の　底なる玉　求めて　得し玉かも　拾《ひり》ひて　得し玉かも　惜《あたら》しき　君が　老ゆらく惜《を》しも(巻十三―三二四七)

沼名川《ぬなかわ》(糸魚川市に流れ込む姫川)の底にある玉(ヒスイ)を求めて得た玉よ。玉のように惜しまれるあなたが、老いていくことは惜しいことだ……。永遠に輝き続けるヒスイと、無情にも老いていく人間の宿命、そして、不老不死へのあこがれが、この歌に込められている。

なぜ遺体を放置したのか

「殯《もがり》（遺骸を埋葬する前の儀礼）」と「再葬」も、縄文時代から古墳時代まで継承された。これは、蘇り、再生への希望ではなかったか。

日本の「殯」について、中国側の文献に記録されている。まず、「魏志倭人伝」には、邪馬台国の時代の葬送を、次のように記している。

死ぬと棺に納められるが、槨《つか》（棺を護るための木槨、石槨など。中国では二重になっていた）はない。土を盛って冢を作る。人が亡くなると十余日、かりもがりをする。この間、肉は食べず、喪主は哭泣《こっきゅう》し、みなは歌い舞い、飲食する。葬ったあと、みな水辺で沐浴するが、中国の喪明けのミソギのようにする

『隋書』倭国伝には、聖徳太子の時代の様子を次のように記録している。

死者は棺と槨をもってし、近親者は屍のまわりで歌舞をし、妻子や兄弟は白い布

の服を着る。貴人は三年間、外で殯《もがり》し、一般の人は、よい日を選んで埋葬する。埋葬するには、船の上に遺骸を乗せ、陸から綱を引く。遺骸を輿《こし》に乗せることもある。

もちろん、日本側の史料にも記録がある。

『日本書紀』敏達《びだつ》十四年（五八五）秋八月条に、天皇の崩御が記され、「是の時に、殯宮《もがりのみや》を広瀬（奈良県北葛城郡河合町か？）に起《た》つ」とあり、この直後、いくつかトラブルが起きている。

蘇我馬子《そがのうまこ》が刀を佩《は》いて誄《しのびごと》（死者を悼んで、系譜や業績を述べる言葉）を奉り、これを見ていた物部守屋《もののべのもりや》が、大笑いして、「猟箭《ししや》で射られた雀のようだ」と、揶揄《やゆ》した。次に物部守屋が誄を奉ると、緊張から手足が震えた。それを見ていた蘇我馬子は笑い、「鈴をかけたらよいのに」と言った。ここに二人は恨みを抱くようになったとある。またこの時、三輪君逆《みわのきみさかう》は、隼人《はやと》に殯宮を守らせた。すると、穴穂部皇《あなほべのみ》子《こ》は、天下を取ろうと画策していたので怒り、

「なぜ死んでしまった王（敏達）の殯宮を守り、生きている王（穴穂部皇子）に仕えないのか」

と、吐き捨てるように言った（物部守屋と蘇我馬子の確執の事情は複雑なので、割愛するが）。問題は、殯宮のこのあとの状況だ。

翌用明《ようめい》元年（五八六）夏五月、穴穂部皇子は炊屋姫皇后《かしきやのひめのきさき》（敏達の皇后。のちの推《すい》古《こ》天皇）を犯そうと考え、殯宮に忍び込もうとした。寵臣・三輪君逆は兵を集め、殯宮の門を固めて追い返した。穴穂部皇子は逆恨みし、天下の王になろうと思い、三輪君逆を殺そうと考えたのだった。

また敏達天皇の遺骸は、崇峻《すしゅん》四年（五九一）四月、磯長陵《しながりょう》（大阪府南河内郡太子町）に葬られたとある。

敏達天皇の遺骸は六年弱、殯宮に置かれ、そのあと御陵（前方後円墳）に葬られたのだ。この間、腐敗しただろうし、白骨化していたであろう。

『令集解《りょうのしゅうげ》』（八世紀の法典『養老令』の注釈書）には、暑い時期に亡くなった三位《さんみ》以上の者には、特別に「氷」を支給すると記録されている。真夏に亡くなった者の遺骸は、あっという間に悪臭を放ったにちがいないのだ。

なぜ、このような習慣が残っていたのだろう。不思議な風習ではないか。

死の世界は穢らわしかったのか

殯宮に安置されていた遺骸の腐敗していく様子は、神話にも描かれている。それはイザナキが亡くなったイザナミのもとを訪ねた場面だ。すでに触れてあるが、イザナミの死体の描写を確認しておきたい。『古事記』の記事を追ってみよう。

イザナミはイザナキがなかなか迎えにこないので、すでに黄泉戸喫《よもつへぐい》（黄泉国《よみのくに》の食べ物を口にしてしまうこと）をしてしまった。けれども、愛しい夫がこの国に来てくれたのだから、もどれるかどうか、黄泉神と相談してくると言う。ただし、その間、私を見ないようにと釘をさす。

しかし、あまりにも時間がかかるので、男神（イザナキ）はしびれを切らして左の御《み》みづらに刺してある湯津々間櫛《ゆつつまくし》の端の太い歯を折り、火を灯して覗くと、イザナミの屍骸に蛆《うじ》がたかりコロコロとうごめき、頭には大雷《おおいかづち》が、胸には火雷《ほのいかづち》、お腹には黒雷《くろいかづち》、ホトには析雷《さくいかづち》などあわせて八種の雷神がいた（ようするに、雷の神がいたる場所にいたということ。描写は長く続くので割愛した）。

イザナキはその姿を見て、恐れて黄泉国から去ろうとした。するとイザナミは、

「よくも私に、恥をかかせましたね」

といいながら、予母都志許売《よもつしこめ》（黄泉国の醜悪な女性）を遣わし、追わせた。これを振り払ったが、イザナミは例の八種の雷神に黄泉の軍勢をそえて追わせた。イザナキは十拳剣《とつかのつるぎ》を抜き、後ろ手に振り回しながら逃げた。それでも追ってくるので、黄泉比良坂《よもつひらさか》の麓にたどり着いたとき、生えていた桃の実を三つとり、迎え撃つと、みな逃げ帰っていった。イザナキは桃の実に向かって次のように述べた。

「お前は私を助けたように、葦原中国《あしはらのなかつくに》のあらゆる美しい青人草《あおひとくさ》（民草、民、現実に生きる人間）が苦しみ、憂え、悩むときに、助けるように」

こう述べて、桃の実を「意富加牟豆美命《おおかむずみのみこと》」と名付けた。


この場面、イザナミは見るも無惨な姿に変わり果てていた。そして、それを忌みきらうイザナキ……。その穢れを祓《はら》うために用いられたのが、桃だった。『日本書紀』神代上第五段一書第九にも、よく似た話が載っていて「これが、桃を用いて鬼を避ける由縁だ」と記している。

桃に呪力が備わっているという信仰は、中国から伝わった。

晋代の陶淵明《とうえんめい》が記した『桃花源記《とうかげんき》』に、桃の花の咲き乱れる林の奥に、理想の土地はあったと記される。

中国の神話に登場する女神（天女）西王母《せいおうぼ》は、崑崙山（伝説の聖山）に棲み、桃園（モモ畑）を持ち、三千年に一度実をつける幻の桃（不老不死の力を持つ）を栽培していたという。

呪力を用いてイザナミを追いやったという話、無視できない。古代人にとって死の世界は穢らわしいものだったのだろうか。

神話の黄泉の国は横穴式石室と同じ？

『日本書紀』神代上第五段一書第六にも、黄泉国の話が詳しく載っている。

火神・軻遇突智《かぐつち》が生まれたとき、イザナミは焼かれて亡くなってしまった。イザナキは恨み、軻遇突智を十握剣《とつかのつるぎ》で三つに切り刻んだ。その体からまた神が生まれ、剣の刃からしたたり落ちた血から、経津主神《ふつぬしのかみ》や武甕槌神《たけみかづちのかみ》の祖神が生まれた。

イザナキは、イザナミを追って黄泉国に入り、ともに語った。イザナミはイザナキに、来るのが遅かったことをなじり、恨み言を言い、

黄泉国の入口、黄泉比良坂（島根県松江市東出雲町）

「私はすでに黄泉国の食べ物を食べてしまいました（もう現世にはもどれないと信じられていた）。これから寝るので、姿を見ないでほしい」

と願った。だが、イザナキはタブーを犯してしまう。明かりを灯してみるとイザナミの体には、ウミがにじみ蛆《うじ》がたかっていた。イザナキは驚き、

「私はなんといやな、見るも穢らわしい場所に来てしまったのだ」

と述べられ、一目散に逃げると、イザナミは恨み、

「どうして約束を破り、恥をかかせたのですか」

と言い、泉津醜女八人《よもつしこめやたり》を遣わしてきたのだった。

イザナキは剣を抜き、後ろ手に振りながら逃げた。黒鬘《くろみかづら》（カヅラは命の木）を投げつけると、黒鬘はブドウになった。醜女はこれを食し、食べ終わると、また追ってきた。イザナキが湯津爪櫛《ゆつつまぐし》を投げると、これが筍《たけのこ》になった。醜女はこれも抜いて食べた。食べ終えて、また追ってくる。するとイザナミもやってきた。イザナキは泉津平坂《よもつひらさか》（黄泉国の入口）にいたり、巨大な岩で塞ぎ、イザナミに向かって、離縁の誓いを言い渡した。するとイザナミは、次のように述べる。

「いとしいわが夫よ。そうおっしゃるなら、私はあなたの治める国の民を日ごとに千人殺しましょう」

イザナキも負けていない。

「いとしいわが妻よ。それならば私は、日ごとに千五百人生もう」

と述べたのだった。

イザナキは、穢れた体を洗い流そうと、筑紫の日向《ひむか》の小戸《おど》の橘の檍原《あはきはら》（宮崎県）に赴き、禊祓《みそぎばらえ》をしたのだった。ここで、多くの神々が生まれる。住吉大神《すみよしのおおかみ》（底《そこ》筒男命《つつのおのみこと》・中筒男命《なかつつのおのみこと》・表筒男命《うわつつのおのみこと》）や底津少童命《そこつわたつみのみこと》・中津少童命《なかつわたつみのみこと》・表津少童命《うわつわたつみのみこと》ら阿曇連《あずみのむらじ》の祖神は、こうして生まれたという。これらの神々は、どちらも日本を代表する海神として知られている。

白石《しらいし》太一郎《たいちろう》は、イザナキの黄泉国《よみのくに》訪問《ほうもん》説話《せつわ》を「横穴式石室墳における葬送儀礼にもとづく黄泉国神話が組み合されて成立したものと想定される」という（『講座日本の神話12　日本神話と考古学』『講座日本の神話』編集部編　有精堂出版）。

前方後円墳の石室は、最初竪穴式だったが、五世紀後半には、横穴式石室が採用されるようになった。この新たな埋葬様式、葬送儀礼と黄泉国訪問説話は、そっくりだというのだ。

死者を石室に埋葬し、死者に黄泉国の食物を供す。黄泉戸喫は、儀礼に用いられた食物を人間が食べることの禁忌《きんき》をさし、儀礼が終わると、参列者は呪的《じゅてき》逃走をし、石室を閉じ、死霊を閉じ込める呪的儀礼が執り行われ、儀礼、呪的行為が終わると、禊ぎをした……。

このように、穢れを古墳の中に閉じ込める呪的行為は、古墳時代前期にはなかったことで、前期の奉献品は、古墳の被葬者が祀祭者的立場にあったと想定でき、後期の死生観とは相容《あいい》れないというのである。

なぜ死体が腐るまで放置したのか

神話世界が意外にも古墳時代後期以降のイデオロギーを活写していたと白石太一郎はいうのだ。

なるほど、神話に描かれた黄泉国のイザナミの姿は、まさに殯宮の遺骸と同じではないか。それをイザナキは、穢らわしいと言っている。

しかしこのあたりが、よく分からない。死後の世界が穢らわしいと考えるようになった時代に、なぜわざわざ死体を腐るまで放置していたのだろう。黄泉国を再現する様なマネをしたのだろう。長い殯が続いたのはなぜだろう。

たとえば天武天皇の場合、崩御から埋葬まで、二年と二ヵ月つづいてしまった。

『日本書紀』の記事を追ってみよう。

朱鳥《あかみとり》元年（六八六）九月九日、天武天皇崩御。十一日に哀《みね》の礼（人の死を悼んで哭泣《こっきゅう》する儀礼）を奉り、殯宮を南庭に建てた。二十四日、遺体を殯宮に移す。二十七日、奠《てん》（供え物）を進上し、誄《しのびごと》を奉った（系譜や業績を述べ、死者を偲《しの》ぶ）。持《じ》統《とう》元年（六八七）春正月一日、皇太子《ひつぎのみこ》（草壁皇子）は、公卿・百官を率いて、殯宮に赴いて哀の礼を奉った。十月二十二日、皇太子は公卿・百官、その他の人々を率いて大内陵《おおちのみささぎ》（奈良県高市郡明日香村。のちに持統天皇も合葬される）の築造をはじめた。そして持統二年（六八八）十一月十一日、天武天皇の遺骸は、大内陵に葬られたのである。

これだけ放置をすれば、やはり、遺骸は白骨化していただろう。陵墓を築く期間が長かったために、やむなく殯宮を設置し続けたのだろうか。あるいは、これが当時の常識だったのだろうか。

斉明《さいめい》四年（六五八）に亡くなった建王《たけるのみこ》や、天武九年（六八〇）に亡くなった舎人王《とねりのおおきみ》などの場合も、殯が行われていた記録が『日本書紀』に残っている。

時間は戻るが、大化二年（六四六）三月二十二日に、「薄葬令《はくそうれい》」が発布されていて、そこにはつぎのようにある。

およそ王より下位の者、庶民に至るまで、みな殯宮を建ててはならない。各地で、埋葬する場所を一ヵ所に定め、ばらばらに墓を造ってはならない。

逆に言えば、多くの人が天皇と同じように、殯をし、遺骸をしばらく放置（実際には祀っていたのだろうが）していたのだろう。

また、薄葬令によって、「殯は王の特権」という形に変化していたことも分かる。「魏志倭人伝」や『隋書』倭国伝を読めばわかるように、死後遺骸を放置することは、古代日本人の常識だったように思えてくる。

縄文人も遺骸を白骨化させていた

縄文時代、人々は「再葬」を行っていた。一度遺骸を白骨化させたあと、改めて墓地に埋め、あるいは壺などに入れて埋納した。このような風習は、縄文時代後期ごろ始まったようだ。

ちなみに、再葬には「洗骨」がつきものだったようで、遺骨の穢れを取り、乾かし、墓や壺に納めたのだ。この風習は沖縄諸島、日本だけではなく、東南アジア諸島、台湾、朝鮮半島南部、そして中国南部にもあって、中国では洗骨する人々を「土公《どこう》」と呼び、最下層の人々とみなしていた。

それはともかく、縄文時代後期の中妻《なかつま》貝塚（茨城県取手市小文間《おもんま》）に、再葬の痕跡が残されていた。直径二メートル、深さ一〜二メートルの丸い土壙《どこう》（A土壙）

に、少なくとも九十六体の人骨が、詰め物をするかのように、ところせましと、隙間なくぎっしり並んでいたのだ。骨の「配列」が、解剖学上不自然で、一度白骨化した遺骸を、パズルをするように、「臆測を交えて」埋めたと考えられる。これが、縄文人の共同墓地だったことは明らかだ。しかも、再葬墓であり、北関東では、古墳時代に入っても、頑なにこのような埋葬文化を踏襲していたことが分かっている。

ただし、中妻貝塚の人々が、遺骸をどうやって白骨化させたのか、その方法ははっきりと分かっていない。

一方同じ縄文後期の堀合《ほりあい》遺跡(青森県平川《ひらかわ》市)に石棺墓群がみつかっていて、これが、白骨化させていた場所と考えられている。十二基の床石のない石棺が並んでいたのだ。一種の殯屋《もがりや》であろう。

このように、死者の「屍」「骨」を、面倒な経緯をへて、墓に葬るのだが、こうした手順を踏まないと、祖先と子孫はつながらないという発想があったようだ。家の名を「カバネ(姓)」と言い、屍を「カバネ」とも読むのは、このような事情と関わりがあるらしい。どうやらこのあたりに、再葬や殯にまつわるヒントが隠されているように思えてならないが、これまで、どのような推理がなされてきたのだろう。

折口信夫《おりくちしのぶ》は、次のように考えた。神話の中で天照大神が天の岩戸に隠れてしまったのは、一種の葬式とみられるが、一方で、スサノヲの狼藉《ろうぜき》に驚いて、魂が遊離してしまったのではないかと推理したのだ。

つまり、古代人にとって死は、魂が肉体から離れてしまうことで、逆に言えば亡くなった者でも遊離してしまった魂が戻ってくれば復活するかもしれないというのだ。そこで殯では、一所懸命に「魂《たま》ふり」を行い、魂を呼びもどそうとしていたといい、あきらめるまで、一年はかかったという（「大嘗祭の本義」「上代葬儀の精神」『折口信夫全集　第三巻　第二〇巻』中公文庫）。

和歌森太郎《わかもりたろう》は、この折口信夫の説に賛同した一人だ。周囲はまるで本人が生きているかのように接し、食事をし、歌舞を共にし、泣きはらし、魂の蘇りを懇願したと言うのだ（『古代史研究　4　古墳とその時代　2』古代史談話会編　朝倉書店）。

古代人が蘇りを期待していたという記事は、『日本書紀』に残されている。

第十五代応神《おうじん》天皇の太子（皇太子）菟道稚郎子《うじのわきいらつこ》は、皇位を兄の大鷦鷯尊《おおさざきのみこと》（のちの仁徳天皇）に譲ろうと考えていた。応神天皇崩御ののち、ややあって、菟道稚郎子は兄の即位を願い、自ら命を絶った。大鷦鷯尊は難波から駆けつけたが、死後三日たっていた。胸を打って悲しみ、大声で叫び、遺骸にまたがり太子の名を呼んで(これは、招魂の呪術)、「我《わ》が弟《おと》の皇子《みこ》」と話しかけた。するとたちまち、太子は息を吹き返したのだった……。

もっともこの直後、太子は亡くなるのだが、人間は魂を招き寄せれば、生き返ると古代人が信じていたことは、間違いない。

殯にまつわるさまざまな考え

これに対し柳田国男《やなぎたくにお》は、異なる推理を働かせている。人間は死後ある年限を過ぎると「みたま様」「御先祖様」という尊い霊体に溶けこむという。ただし、すぐに神聖な存在になるのではなく、はじめは死の穢れに満ちた「荒御霊《あらみたま》」で、子孫たちが供養し、祀ることで穢れが清まり、そのあと先祖の列に加わっていくと指摘したのだ。

このため、殯は、荒魂《あらみたま》が鎮まるまでの準備期間ということになる。五来重《ごらいしげる》も、この考えに近い。すこし長くなるが、引用する。

日本人が肉体を厭《いと》うことのはなはだしい民族で、その肉体を早く消滅させて、肉体が消滅すれば霊魂は浄化する、きたない腐敗していく肉体が存在すると霊魂は浄化されない、とかんがえていたからで、早く浄化させるためには、水に流してしまうか、あるいは風化させてしまうかの、二つの手段をとっていたのです。(『日本人の死生観』五来重　角川選書)

そして、殯宮は、死の直後の荒魂が外に飛び出すのを防ぐために造られたと推理した。

筒井《つつい》功《いさお》も、『葬儀の民俗学』(河出書房新社)の中で、次のように述べている。

彼らは、死んだばかりの人間の魂は荒れすさんでいて、いつ生者に祟《たた》るかわからないと信じていた(後略)

なるほど、と、つい納得してしまうが、通説は、むしろ批判的だ。

たとえば、折口信夫の考えには、殯の期間が長すぎて、いくら魂を吹き込んでも、生き返る可能性はないし、古代人もそこまで信じたわけではないとする批判がある。

さらに、死んだ直後の人間の荒魂は恐ろしいという推理には、人間の感情として、死者に対する「穢れへの恐怖」よりも、「愛着・哀悼」の念の方が強いのではないか、というのだ。

たとえば山下晋司《やましたしんじ》は、次のように異論を述べている。

これまでの殯研究は、死生観や霊魂観という狭い分野に集中しすぎて、全体像を見失っていたと指摘し、そうではなく、儀礼の一部として見つめ直すべきだと注文をつけたのだ。

儀礼は、複数の機能を合わせ持って作用しているという。そして、民俗学的見地に立てば、死者儀礼の変異型で、「二重葬」「複葬《ふくそう》」と呼ぶべき形になっているというのだ。また、これによく似た例は、東南アジアに見受けられること、しかも、特筆すべきは、長い服喪《ふくも》期間を経て盛大な葬儀が執り行われるのは、社会的な高位の者に限られていたことだ。

すなわち、死者儀礼の執行は社会的な地位と深く結びついており、逆に盛大な祭宴によって葬られる者のみが威信と地位を獲得できるのである。(「葬制と他界観」『日

本の古代　13　心のなかの宇宙』大林太良編　中央公論社）

そして、権威の誇示と権力の再生産が、盛大な葬儀の目的だったと指摘したのだ。なるほど、説得力がある。

しかしそれなら、再葬が縄文時代から続いていたことを、どう考えればよいのだろう。殯が権力者の権威づけに使われたことは、「儀礼の複合的な側面のひとつ」かもしれないが、それがすべてではあるまい。その点、五来重の発想を、無視することはできないのである。

信仰とつながっていた政治

これまでの史学者の考える古代史は、あまりにも「合理的」だったと思う。王の権威や統治システムばかりに気をとられ、物差しで測ることのできない「人の心」「祟りや信仰」を軽視してきたとはいえないだろうか。しかし、「政」と書いて「マツリゴト」と訓むのは、古代の日本人にとって、「祀ることと政治がつながっていた」からで、古代人の心の中に占める信仰の重さが、現代人には分からないのだ。

現実の政局運営も、信仰の力が大きく作用していたのである。つまり、死生観や霊魂観は、けっして「狭い分野」ではないはずなのだ。そこでしばらく、古代の政治と信仰の関係を見つめ直してみよう。

「魏志倭人伝」には、邪馬台国の卑弥呼が鬼道に事《つか》え、「衆をよく惑わした」こと、高齢だが夫はなく、弟が姉を助け、国を治めていたとある。また、卑弥呼が王に立って以降、朝見《ちょうけん》する者はなく、ひとりの男子が飲食を供し、言葉を伝える役割を担って居館に出入りしていたとある。

実務を担当していたのは弟だが、卑弥呼に下される神託が、大きな影響力を持っていたわけである。

神武天皇が日向（南部九州）からヤマトに向かったとき、奈良盆地のいくつもの地域に首長がいて、しかも「兄猾《えうかし》、弟猾《おとうかし》」「兄磯城《えしき》、弟磯城《おとしき》」というように、兄弟がセットになっていたと『日本書紀』は記録する。これは、「実務を担当する為政者（兄）」と「祭祀権を握る巫女（妹）」のコンビを意味している。要は、邪馬台国の統治様式が、そのままヤマトでも行われていたことを示している。

第十四代仲哀《ちゅうあい》天皇と神功《じんぐう》皇后の夫婦も同じだ。巫女＝神功皇后に下された神託を無視したために、仲哀天皇は変死している（事実であるかどうかが問題なのではなく、そう信じられていたことが大切なのだ）。その神功皇后は、夫の死後山門県《やまとのあがた》（福岡県みやま市）に進軍し、土蜘蛛《つちぐも》の女首長・田油津媛《たぶらつひめ》を誅殺《ちゅうさつ》しているが、この時兄の夏羽《なつは》なる者が、神功皇后の軍勢を迎え撃とうとしていたと記録されている。

ここでは、邪馬台国とそっくりな女王と兄のコンビが登場している。実際には、女王が巫女で、兄が実務を担当していたのだろう。

六世紀にいたっても、この統治システムは原則として残ったようだ。それは、聖徳太子の時代である。

『隋書』倭国伝に、当時の日本の様子が記されている。

隋の開皇二十年（六〇〇）、倭王は使いを隋に遣わしてきた。文帝《ぶんてい》は役人に倭国の風俗をたずねさせた。すると、次のように答えた。

「倭王は天を以て兄と為し、日を以て弟と為す。天未だ明けざる時、出でて、政《まつりごと》を聴き、跏趺《かふ》して坐す。日出ずれば便《すなわ》ち理務を停め、我が弟に委ねんという」（倭王は天を兄となし、日を弟としている。日出ずれば、兄は夜明け前に政務を行い、その間あぐらをかいて座っている。夜が明ければ、弟に委ねるという）

これを聞いた文帝は、「此れ太《はなは》だ義理無し（なんと馬鹿げたことを）」と、呆れ、諭して改めさせた……。

ここに登場する「兄と弟」は、「巫女と王」をさしていたようだ。つまり、邪馬台国の時代の統治システムが、第一次の遣隋使の時、まだ残っていたのだ。ただし、聖徳太子の尽力（実際には蘇我氏であろう。拙著『東大寺の暗号』講談社＋α文庫）によって第二次遣隋使の段階で、仏教寺院が整備され、新たな都と迎賓館が完成し、隋から裴世清《はいせいせい》を迎えいれている。統治体制も刷新されたのだ。

問題は、この時、前方後円墳の造営も終わっていることで、ここに、前方後円墳を考える上で大切な問題が隠されているのだが、このあたりの事情は後に語るとして、ここでは、「日本人の信仰と統治形態」について、もう少し話をしておかなければならない。

伊勢の神と斎王の聖婚

巫女と為政者の関係をはっきりとさせておこう。仕組みは簡単だ。

すでに述べたように、日本人にとって神は恵みをもたらすありがたい神である以上に、祟る恐ろしい神だったのだ。だから人々は、まず神をなだめすかさねばならなかった。問題は、その方法だ。

　分かりやすいのは、伊勢神宮だ。伊勢内宮《ないくう》で祀られる神は天照大神で、『日本書紀』はこれを女性の太陽神といっている。しかし、『伊勢神宮の暗号』（講談社＋α文庫）の中で述べたように、八世紀に編まれた正史『日本書紀』が、男神だった太陽神（天照大神）を、女神にすり替えてしまったのだ。

　伊勢神宮を整備したのは天武天皇と持統天皇だが、今のような形が整ったのは、持統天皇の時代で、天武天皇の段階では、内宮も外宮《げくう》もなく、伊勢斎宮《さいくう》だけで完結していたはずだ。ヤマトの三輪山山麓の檜原《ひばら》神社の真東に、伊勢の斎宮は建てられた。

　天武天皇は娘の大伯《おおく》（大来《おおく》）皇女《のひめみこ》を斎王（宮）に立て遣わしている。斎王は天皇のミウチで、しかも未婚の女性でなければならなかった。また、斎王の任を解かれても、原則として結婚しなかった。それはなぜかと言えば、斎王は伊勢の神の妻になるからだ。

　斎王は伊勢の神と「結ばれる（観念上、信仰上の性的交渉）」ことによって、災厄をもたらす恐ろしい神を、なだめすかすことができると信じられていた。恐ろしい神の底知れないパワーを、今度は巫女の斎王がもらい受け、それをミウチの天皇に「放射する」ことによって、国家の安寧が約束されると信じられていたのである。

ヤマト建国時の実在の初代王は第十代崇神天皇と考えられているが、この天皇の時代に、天照大神の霊威が強すぎると、宮中で祀られていた天照大神を檜原神社に移している。本来なら、天皇家の祖神として、天皇を守り恵みをもたらすはずの天照大神でさえ、恐ろしかったのだ。これが日本の神の本質であり、だからこそ、歴代天皇は、娘やミウチの女性を伊勢の神に差し出し、災厄をもたらす恐ろしい天照大神をなだめすかし、豊穣をもたらすありがたい神に変身していただいた。

この図式が見えてくると、殯に対する見方も、変わってくるのである。

古代日本は信仰の国で、祭政は一致し、神祭りが重要な意味を持っていた。それは、災害大国だったことと無関係ではない。「大自然（神）の前に人間は無力だ」という諦念があったから、一神教のように、「大自然を支配できる」とは考えず、ひたすら神の怒りをなだめすかす方法を模索していたのである。

縄文時代からつながっている信仰

このように、古代人にとって、「神」「魂」「霊」は身近な現実だったのであり、だからこそ、巫女と神託が、民を屈服させ、政治を動かす原動力となったのだろう。とすれば、殯も、ただの儀礼や制度史的な視点だけで斬り捨てることはできない。縄文時代から変わらない風習、信仰と政治がつながり、殯という儀礼を産み出したのだろう。

その点、五来重の考えに共鳴する点が少なくない。

先にも引用したように五来重は、日本人は肉体を厭《いと》うことのはなはだしい民族だという。

古代人は、人が死ねば、肉体から霊魂が離れていくと信じた。しかも、死んだばかりの霊魂は、荒魂である。

死後のミウチの朽ちていく際のおどろおどろしい姿に、ひとびとは「黄泉国の怖ろしさ」を知り、しかもそれは、荒魂の具現化したものとみなしたのかもしれなかった。けれども、肉体が朽ち果て、白骨化すれば、浄化され、和魂になり、霊魂は昇華され、神になると信じていたのだ。それを儀礼にしたのが、殯だろう。

原始の殯は、死体のまわりに枝をさして垣にしたと思われる。神話のなかに現れる「青柴垣《あおふしがき》」がこれで、霊魂をこうして封じこめた。

出雲の国譲り神話で、事代主神《ことしろぬしのかみ》が高皇産霊尊《たかみむすひのみこと》の命令に従い、消えていくが、この時海の中に「八重蒼柴籬《やえのあおふしがき》」（祭壇）を造って、船の縁を踏み傾けて去って行ったとある（『日本書紀』神代下第九段）。これも殯宮と考えてよさそうだ。殯の原型は風葬と水葬で、この場合、水葬の殯を暗示している。

もうひとつ、神話の中で最初に生まれた太陽神・ヒルコ（蛭子）は、出来損ないだったので、葦の船に乗せて流してやった（捨てられた）が、これも、水葬とみなすことができる。

その昔、出雲国造は亡くなると、赤牛に引かれて池に流されたという。水葬だ。

京都の鴨川も、昔は死人が捨てられていたようだ。京都といえば、清水寺（京都市東山区）の南側の鳥辺野《とりべの》の一帯も、「死体置き場」だった。こちらは、風葬（曝葬《ばくそう》）になる。ちなみに六波羅蜜寺《ろくはらみつじ》（京都市東山区）は、空也《くうや》（念仏聖《ねんぶつひじり》のさきがけ）が疫病の蔓延に苦しむ人々を救済し、鴨川や鳥辺野の死人たちを弔う目的で創建されたものだ。

先に触れたように、縄文人はすでに再葬を行っていて、この文化が、日本に根づいていたのだろう。そして、風葬の場合、屍の肉を鳥が喰らっていく。鳥が魂を運ぶ動物と信じられていたのは、風葬と深くかかわっていたのではあるまいか。

そして、「殯宮の思想と信仰」と、「前方後円墳の思想」は、どこかでつながっていたはずなのだ。殯を終えて、貴人の遺骸は前方後円墳に葬られた。

前方後円墳でどのような祭祀が行われていたのか、なぜ前方後円墳は造られたのか、その謎を解くためにも、「殯宮の思想と信仰」に注目してみた。

そこで改めて、前方後円墳とはなんなのかについて論を進めねばならないが、その前に、次章で前方後円墳が出来上がるまでの歴史をふり返っておきたい。

要するに、ヤマト建国と前方後円墳の物語である。

第三章
古墳誕生と物部氏の謎

ヤマト建国と前方後円墳の誕生の詳細を知っていた？

古墳時代は、三世紀後半（あるいは四世紀）のヤマト建国から六世紀末までをさす。前方後円墳がヤマトに誕生し、日本各地に伝播《でんぱ》し、造営され続けた時代が、古墳時代である。

古墳時代のひとつの謎は、なぜ三世紀に、突然ヤマトの地に巨大な前方後円墳が出現したのかだ。そして四世紀、あっという間に前方後円墳は各地に伝播し、六世紀末に至るまで、巨大な墳墓が造られ続けたのも、大きな謎である。

すでに触れたように、三世紀初頭の纏向《まきむく》（奈良県桜井市）には、各地から多くの人たちが集まり、埋葬文化を持ち寄って、前方後円墳の原型（纏向型前方後円墳）が生まれた。

吉備から、前方後円墳の上に並べられる特殊器台形土器と特殊壺形土器が伝わり、円筒埴輪に発展していく。出雲の貼石《はりいし》は葺石《ふきいし》となり、西日本各地から、中国鏡、装身具、鉄製武器といった副葬品の文化が、前方後円墳という墳形は吉備・讃《さぬ》岐《き》・播磨《はりま》・ヤマトの地域から、もたらされている。

一時期韓国側で、朝鮮半島が前方後円墳発祥の地ではないかと囁かれたことがあるが、「弥生文化の集合体」である前方後円墳は日本独自のものだと、日本の考古学者は揺るがなかった。事実、調査が進むにつれ、韓国に存在する前方後円墳は、だいぶ時代が下ったものだったことが分かっている。おそらく、日本から朝鮮半島に渡って役人になって活躍した人物の墓だろうと、考えられるようになった。

纏向に人々が集まり、前方後円墳は生まれた。この事実が分かってきて、古代史にどのような影響を与えたのだろうか。

まずヤマト建国の歴史を、八世紀の朝廷がよく知っていた可能性が出てきた。

『日本書紀』には、神武東征よりも早く、出雲神・大物主神《おおものぬしのかみ》が三輪山に祀られ、物部《もののべ》氏の祖・ニギハヤヒ（饒速日命《にぎはやひのみこと》）が天磐船《あまのいわふね》に乗って降臨し、先住の長髄彦《ながすねひこ》の妹を娶《めと》って君臨していたとある。これらの説話はほとんど注目されてこなかったが、ヤマト建国の直前、方々から人がやってきたという『日本書紀』の記事、無視することはできない。最新の考古学が指摘する「ヤマト建国への道のり」を、ほぼなぞっているように見えるからだ。

八世紀の朝廷には、古い史料がほとんど残っていなかったと信じられてきた。しかし、『伊勢神宮の暗号』（講談社＋α文庫）の中で述べたように、「八世紀の朝廷は、ヤマト建国の詳細を知っていたからこそ、『日本書紀』は建国の歴史を誤魔化した」と筆者はみる。『日本書紀』編纂当時の朝廷を牛耳っていたのは藤原氏で、彼らが滅ぼした政敵がヤマト建国で活躍していたため、正確な歴史を残すことができず、それどころか、史実を神話の中に押し込め、ひとつの話を三つの時代に分解し、歴史を改竄《かいざん》し捏造《ねつぞう》した可能性が高いのである。

箸墓に出雲と吉備がからんでいたという話

前方後円墳の出現は、大きな歴史の節目となった。たとえばこのころ、西日本や東海地方では、弥生時代の象徴的な遺物、防禦《ぼうぎょ》のための環濠が、一斉に消えていったのだ。それまでの戦乱が、解消されたのだろう。

三世紀初頭に纒向に人々が集まりはじめ、前方後円墳の原型となる墳墓が誕生した。そして三世紀半ばから四世紀にかけて、纒向で前方後円墳のスタイルが確立したのだ。これが、大きな節目になった。卑弥呼の墓ではないかと疑われている箸墓（箸中山古墳）が、代表例だ。この時、ヤマトに政権が樹立され、王が立ったと推理されてもいる。

考古学者は、スタイルの定まった前方後円墳を、「定型化した前方後円墳」と定義している。要素は、次のようになる。

(1)正円の後円部に、長く高い前方部を持ち、対称形である。
(2)大きな墳丘。
(3)後円部は三段に築かれ、葺石が備わっている。
(4)大きな墓壙《ぼこう》に造られた埋葬施設と排水溝が備わっている。
(5)長い竪穴式石槨と割竹形木棺に埋葬している。
(6)大量の赤色顔料。
(7)大量の銅鏡が副葬されている。
(8)大量の鉄製武器の副葬。

ただし、弥生終末期の巨大墳丘墓と纏向型の前方後円墳の段階ですでにこれらの条件の中のいくつかは、備わっていたという指摘がある。また、挙げられた要素をすべて揃えている前方後円墳もほとんどないので、このような定義が本当に必要なのかどうか、疑問視する考古学者も存在する。

要はバラエティに富んだ変化があったということであり、これは王権の伸長にほかならないと言うのだ（寺沢薫『日本の歴史02　王権誕生』講談社）。

この指摘は重要で、纏向遺跡は箸墓が誕生した頃、遺跡の規模もめざましく拡大していた。そしてこのあと、各地の首長が、ヤマトに生まれた新たな埋葬文化を、受け入れていく。こうして、ゆるやかな紐帯《ちゅうたい》で結ばれた連合体が生まれていったのだ。ただし、王権の伸長というよりも、ヤマト政権（合議集団）の成長といった方が正確かもしれない。

箸墓の造営は、よほど大きな事件だったと見え、『日本書紀』も説話を記録している。すでに触れた三輪山の大物主神《おおものぬしのかみ》と倭迹迹日百襲姫命《やまとととびももそひめのみこと》の、悲しい物語だ。あの一節、ただの神話とは思えない。前方後円墳を構成する大きな要素となった「出雲」と「吉備」が関わっていたからだ。

「出雲」は、分かりやすい。出雲神・大物主神が登場するからだ。

「吉備」は隠れている。倭迹迹日百襲姫命の弟が彦五十狭芹彦命《ひこいさせりひこのみこと》（吉備津彦《きびつひこの》命《みこと》）で、腹違いの弟が吉備臣《きびのおみ》の祖・稚武彦命《わかたけひこのみこと》（若日子建吉備津日子命《わかひこたけきびつひこのみこと》）だった。

『日本書紀』は、「ヤマト建国の直後、吉備臣はヤマトから吉備を支配しにいった」と言うが、これは話があべこべだろう。こういうところに、ちょこちょこっと、

『日本書紀』のウソがちりばめられているのだ。『日本書紀』は、「多くの地域が集まってヤマトを樹立した」という歴史を、裏返してしまった。そうではなく、吉備から持ち込まれた様式を用いて箸墓は生まれ、だからこそ、吉備津彦命の姉がここに埋葬された意味も、わかってくる。

日本で四番目に大きい前方後円墳を造ったのは吉備の首長

前方後円墳の特徴は、いくつもある。

まず、すでに触れたように、多くの人たちに「よく見える場所」に「大きく」造られたことだ。王や首長の権威と力を、誇示する必要があったのだろう。

次に、遺骸は竪穴石槨、木棺に保護されているが、その状態は、密閉、辟邪《へきじゃ》（魔除け）という言葉がふさわしい。その様子は、黒塚古墳（天理市柳本町）の石室内部を再現した天理市立黒塚古墳展示館を訪ねればはっきりとわかる。

粘土床には赤色顔料が塗られ、大量の銅鏡（三角縁神獣鏡など）が鏡面を内側にして立てかけられている。これは、辟邪を目的にしていると思われる。さらに、木棺の両側には人の頭ほどの河原石と、安山岩《あんざんがん》と玄武岩《げんぶがん》の板石が積み上げられ、合掌形（やや鋭角な三角形）の石槨を形成している。石槨の上部には、念を入れて厚さ二〇センチの粘土が覆っている……。

広瀬和雄《ひろせかずお》はこの完璧な外界との遮断の様子を、「遺骸主義」と言っている。「死した首長の遺骸をいつまでも肉体のまま保持したいという意志のなせる術」（『前方後円墳の世界』岩波新書）と推理しているが、本当だろうか。

目に見えぬ霊魂とのかかわりを疑ってみたいのだが、これは後に再び触れよう。

もうひとつ、前方後円墳の特徴は、古墳のヒエラルキーの頂点に立っていることだ。

古墳時代に造られた主な古墳は、前方後円墳、前方後方墳、方墳、円墳で、前方後円墳から順番に、地位が決まっていたと考えられている。地方の首長の場合、ヤマト政権側からの許しがなければ、前方後円墳を造ることはできなかったのだ。また、同時代の前方後円墳なら、「ヤマトの王が一番大きい前方後円墳を造る」という鉄則があった。

とは言っても、前方後円墳の中で吉備の造山《つくりやま》古墳（岡山市。五世紀前半）は、墳丘長が三五〇メートル、高さ二九メートルと、特大の前方後円墳だ。全国の前方後円墳の中で第四位の規模を誇る。

「天皇陵よりも大きい⁉」

そうではない。時代がずれれば、天皇陵よりも大きいが、河内に巨大前方後円墳が造られていた時代で、造山古墳は、同時代の天皇陵よりも、「気持ちだけ小さかった」のだ。だから、「ヤマトの王よりも大きな前方後円墳を造ってはならない」という不文律を破ったわけではない。

造山古墳は、上石津《かみいしづ》ミサンザイ古墳（履中《りちゅう》天皇陵。大阪府堺市西区）の相似形で、九六パーセントの縮小版だという。僅かな差で小さいが、競り合っていたわけではなく、吉備がそれだけ信頼され、認められていたということなのかもしれない。

実際、五世紀前半の吉備の実力は、無視できない。流通の要・瀬戸内海を牛耳り、富を蓄えていたのだろう。

三百数十年の安寧がなぜもたらされたのか

「ヤマトの王の墓がもっとも大きい」という単純な原理原則……。単純だが、この体制が三百数十年続いたところに、前方後円墳最大の謎が隠されている。

戦後すぐ、江上波夫の騎馬民族日本征服説が発表され、さらに水野祐は三王朝交替説を唱え、史学者の多くが、「ヤマトの王家は何度も入れ替わった」とうなずき合うようになったが、前方後円墳体制が存続したという、誰の目にも分かる「物証」を無視してもらっては困るのだ。王家が入れ替わったのなら、なぜ、埋葬様式を刷新しなかったのか。ここに大きな矛盾がある。

そうなのだ。前方後円墳最大の謎は、なぜ長い間、体制が維持されたのか、ということなのである。

ヒントは、ヤマトの成り立ちに隠されていたのではあるまいか。この時、誰もが納得する王が立てられ、永続可能な前方後円墳連合が成立したのだと思う。

そこで、ヤマト建国に至る道のりを、改めて考えてみたい。考古学のもたらした情報と『日本書紀』を組み合わせた筆者独自の推理である。

三世紀初頭に、纏向に忽然《こつぜん》と政治と宗教に特化された都市が出現した。他地域から多くの首長が集まり、弥生時代の戦乱を収拾すべく、大きなまとまりが出来上がったのだ。そして誕生したのが、前方後円墳であり、前方後円墳をシンボルとする秩序が、六世紀末まで続いた奇跡を、軽視することはできない。

弥生時代の戦乱を収拾したことだけでも奇跡的なのに、三百数十年の安寧の時代を、われわれの祖先はどうやって構築したというのだろう。

もちろん、ヤマト建国はスムーズに進行したわけではないだろう。「魏志倭人伝」には、三世紀半ば、邪馬台国の卑弥呼は「南方の敵・狗奴国《くなこく》と戦っていた」と記録されている。この直後、卑弥呼は亡くなっているから、あるいは戦乱に巻き込まれたのかもしれない。そして倭国は男王を立てたが国中服さず、戦乱状態となり、千余人を殺したという。このあと卑弥呼の宗女《そうじょ》（一族の女性）台与《とよ》が立てられ、ようやく事態は収まったというのだ。

くどいようだが、これはすでに「纏向の時代」で、邪馬台国がヤマトかどうかは別にして、この混乱の中にヤマト建国をめぐる謎解きのヒントが隠されていることは間違いない。

ちなみに、纏向遺跡に出現した箸墓が、卑弥呼の墓ではないかと騒がれていて、「邪馬台国はヤマトで決まった」と豪語する考古学者も現れているが、これは勇み足だ。

箸墓の造営は三世紀半ばと畿内論者が断定しているが、それは炭素14年代法によって、「もっとも古く見積もれば三世紀半ば」という評価に甘え、四世紀の可能性もあるのに、「状況証拠を付け足せば、どう考えても三世紀半ばの造営」といっているだけの話だ。「状況証拠」というよりも、「先入観」といった方が正しい。それに、箸墓が三世紀半ばの造営としても、だから卑弥呼の墓であった、との証拠は、なにひとつ見つかっていないのだ。「魏志倭人伝」に記された、径百余歩（円墳）という記述とも合致していない。

ただし、邪馬台国にばかり気をとられていると、肝腎なことが見えてこない。ここであえて「三つの大きなヒント」を、邪馬台国抜きで掲げておきたい。それは、「物部」「前方後方墳《ぜんぽうこうほうふん》」と「出雲」である。

古墳時代は物部系の時代

三つのヒントを、順番に紹介していこう。まずは、物部氏だ。

前方後円墳の時代＝古墳時代は、「物部氏の時代」でもある。物部氏がヤマトにやってきて、前方後円墳が出現し、物部守屋が蘇我馬子に滅ぼされたちょうどその頃、前方後円墳は、消えて行く。これは、けっして偶然ではない。物部氏は古代最大の豪族であるとともに、「ヤマトそのもの」だった。ここに、「古墳を考える上で大切なヒント」が隠されていたのである。

『日本書紀』には、神武東征よりも早く、物部氏の祖・ニギハヤヒ（饒速日命）が天磐船《あまのいわふね》に乗ってヤマトに舞い下りていたと記録している。降臨したとき、「国見」をして、「ヤマト」と名付けたという。国見とは、支配する土地を見晴らしのよい場所から眺めるという儀礼で、権威づけの呪術でもある。国見は普通、天皇（大王）がする。

つまり、ニギハヤヒが神武東征以前、ヤマトの王だったことを、『日本書紀』は、なかば認めていることになる。ニギハヤヒは先住の長髄彦《ながすねひこ》の妹を娶《めと》り、君臨していたのだ。物部氏は、特別な存在である。

ニギハヤヒは神武と同じ「天神の子」と言っているから、天上界から降りてきたということなのだろう。けれども、ニギハヤヒが天上界のどの神とつながっていたのか、その系譜を『日本書紀』は掲げようとしない。

謎めくのは、神武東征時のニギハヤヒの態度だ。そこで神武東征の大切な場面を抜粋しておこう。

神武天皇が南部九州の日向《ひむか》にいるとき、東遷《とうせん》（東征）を宣言する。

「わが天祖《あまつみおや》がこの西のほとりに降臨され、すでに百七十九万二千四百七十余年が過ぎた。しかし、遠く遥かな地では、われらの徳もおよばず、村々に長《おさ》がいて境を分かち、互いに争っている。塩土老翁《しおつつのおじ》（住吉大神《すみよしのおおかみ》）に聞いたところによると、『東の方角に美しい土地があり、四方を山に囲まれ、すでに天磐船に乗って舞い下りた者がいる』という。そこはおそらく、大業を広めるに適したところだろう。国の中心にふさわしいにちがいない。その舞い下りた者とは、ニギハヤヒであろう。そうであるならば、私が赴き、都を造ろうではないか」

こうして、神武はヤマトに向かったのだ。

東遷は順調に推移したわけではない。まず宇佐（大分県宇佐市）から筑紫国の岡《おかの》水門《みなと》（福岡県遠賀《おんが》郡芦屋町）に立ちより、安芸国（広島県）で三ヵ月弱、吉備で三年留まり（『古事記』には、北部九州に一年、安芸に七年、吉備に八年とある）、ようやくヤマトに迫ったのだった。ところが、生駒山を背に長髄彦が陣を構えていた。

「天神の子がやってくるというのなら、この国を奪おうとしているのだろう」

と勘ぐったのだ。そして孔舎衛坂《くさえのさか》で長髄彦は神武天皇の軍勢を打ち破ってしまった。この時、神武の兄は深手を負い、これが原因で亡くなる。

こうして神武は、紀伊半島を大きく迂回し、南側からヤマト入りを目指したのだった。

さんざんな目に遭いながら、ようやくの思いでヤマト入りした神武は、長髄彦を殺そうと考え、攻めた。すると長髄彦は使者を遣わし、次のように伝えた。

「昔、天の御子がいらっしゃいました。天磐船に乗って天から降りて参りました。名付けてニギハヤヒと申します。わが妹の三炊屋媛《みかしきやひめ》を娶り、子ができました。可美真手命《うましまでのみこと》（宇摩志麻遅命《うましまぢのみこと》）と申します。そこで、ニギハヤヒを君として仕えて参りました。いったい天神は二人いるでしょうか。あなたは天神の子を名乗り、人の土地をだまし取ろうとしているのではありませんか」

そこで二人は、天神の子であることを証明するために、天羽羽矢《あまのははや》と歩靫《かちゆき》を見せあったのだ。長髄彦はかしこまったが、改心する様子はなかった。

この時、ニギハヤヒは、天神が心配されているのは天孫《あめみま》のことであることを知っていた。また、長髄彦の性格がねじれていて人の言うことを聞かないことも分かっていた。天神と人は全く違うのだということを教えても分からないだろうと判断し、ニギハヤヒは長髄彦を殺して帰順してきたのだった。こうして神武天皇はヤマトを支配し、ニギハヤヒを寵愛していくのである。

このニギハヤヒの行動、どうにも不自然だ。なぜ、神武を軍事力で圧倒していたにもかかわらず、追い払わなかったのだろう。神武のヤマト入りは、神の助けと呪術によるものだ。なぜ身内の長髄彦を裏切ってしまったのだろう。よく分からない。

そして、もうひとつの謎は、ニギハヤヒがどこからやってきたのか、ということだ。

饒速日命は大物主神のこと？

物部氏の祖のニギハヤヒがヤマト建国時からすでに存在していたという『日本書紀』の記事を、史学者たちはあまり重視していない。王家も豪族も、三世紀や四世紀から継続しているはずがないという固定観念に縛られているように思う。それに、『日本書紀』の古い記事は、あまりあてにならないとも信じられている。

しかし、他の拙著の中で述べてきたように、考古学の知見が増えるに従い、『日本書紀』の記事と考古学のヤマト建国が重なってきている。初代神武と第十代崇神《すじん》天皇の二人をヤマトの初代王と考えれば、「『日本書紀』編者は、かなり精密にヤマト建国のいきさつを知っていて、だからこそ真相を闇に葬ったのではないか」と思えてくるのである。

そして、物部氏の遠祖が建国直前のヤマトにやってきたという話も、まったくのデタラメとは思えない。

ならば、ニギハヤヒはどこからやってきたのだろう。『日本書紀』は「天から舞い降りた」と言っているが、これは嘘に決まっている。

そこで注目したいのが、大阪府八尾《やお》市だ。物部氏の拠点であり、六世紀の物部守屋は、ここで蘇我馬子や朝廷の軍勢に囲まれ、滅亡しているが、三世紀の一帯には、吉備系の土器が持ち込まれていた。とすれば、ニギハヤヒは吉備からやってきたのではなかったか。

土器だけが頼りではない。物部氏は生駒山《いこまやま》の周辺と奈良盆地の北西側を重視した。

たとえば大阪府交野《かたの》市に肩野《かたの》物部氏が祀ってきた磐船《いわふね》神社が鎮座する。境内の巨大な磐座《いわくら》（御神体）がいわゆる天磐船だという。

峠を越えた先にも、ニギハヤヒを祀る神社がある。それが、奈良県大和郡山市矢《や》田《た》町の矢田坐久志玉比古《やたにますくしたまひこ》神社だ。ニギハヤヒが天磐船に乗ってヤマトにやってきたとき、三本の矢を射て、住まいを定めようとした。二の矢がここに落ちたのだという。ニギハヤヒが空を飛んできたので、今では「航空関係者」の崇拝を集め、楼門には、巨大な木製プロペラが奉納されている。

伝説を信じれば、ニギハヤヒは瀬戸内海側から上陸し、生駒山一帯に勢力圏を築き、奈良盆地にやってきたことになる。とすれば、ニギハヤヒは「西からやってきた」ことは間違いないだろう。

かつて、ヤマトにやってきた主要なメンバーは、出雲、吉備、北部九州と考えられていた。そして、邪馬台国東遷説が有力視されていた頃、ニギハヤヒは北部九州から王家の尖兵《せんぺい》となって、いち早くヤマトに乗り込み、下地を造り、そこに神武が乗り込んだにちがいないと考えられていた。福岡県の遠賀《おんが》川下流域に物部氏の密集地帯があって、そこが物部氏の故地ではないか、とする推理もあったのだ（谷川健一『白鳥伝説』集英社文庫）。しかし、纏向遺跡の発掘調査が進み、北部九州の土器がきわめて少ないことが分かってきた。とすると、ニギハヤヒは出雲か吉備、どちらかからやってきたということになりそうだ。

原田常治《はらだつねじ》はニギハヤヒを出雲神・大物主神と重ねて、歴史愛好家の喝采を浴びた。『古代日本正史』（同志社）はロングセラーになったが、これはまちがいだと思う。大物主神とニギハヤヒが重なる明確な証拠が示されていないからだ。しかも、考古学との整合性がないのだから、支持することはできない。ヤマト建国後、出雲の杵築《きづき》の地域が没落していた事実も、説明できていない。

やはり、ニギハヤヒは吉備からやってきたのだろう。物部本宗家の地盤である八尾市から、三世紀の吉備系の土器が発見されている意味は、とてつもなく大きいと思う。

谷川健一が指摘したように、物部氏は北部九州に密集している。ただ、物部氏は関門海峡の周辺と瀬戸内海にも、勢力圏を維持している。これらはすべて、ヤマトから朝鮮半島へ向かうヤマト政権にとってもっとも重要なルートで、ヤマト政権の中心に立った物部氏が、ヤマト、河内、吉備を拠点にして、北部九州、壱岐《いき》、対馬《つしま》、朝鮮半島を結ぶ海上交通の要衝をおさえに行ったということだろう。

神道の中心に立っていた物部氏

物部氏と吉備をつなげるもうひとつの証拠は、「神道《しんとう》」だと思う。

神道は、「天皇家と強く結ばれた信仰」と信じられている。日本でもっとも高貴な神社と言えば、伊勢神宮を思い浮かべ、祀られている天照大神は、天皇家の祖神だ。『日本書紀』の神話も、天皇家の正統性を示すために編まれたと考えられている。また、近代日本は「天皇と神道」を一神教的発想で絶対視するよう仕向けたから、「神道と言えば天皇」と、印象づけられてしまったのだ。

しかし、たとえば用明《ようめい》二年（五八七）七月の物部守屋滅亡事件をどう考えればよいのだろう。物部守屋は仏教に心酔する蘇我氏を批判していたが、現実に疫病が蔓延してしまった。だから物部守屋は仏寺を襲撃し、破壊し、仏像を難波の堀江に捨て、僧尼に危害を加えたのだった。これに対し蘇我馬子は、軍勢を整え、物部守屋を討った。この時、朝廷の主だった皇族たちも、蘇我馬子に荷担して参戦している。その中に、聖徳太子（厩戸皇子《うまやどのみこ》）も混じっていた。

「神道は天皇家のための信仰」「神道は日本の秩序を守るためのシステム」だとしたら、なぜ皇族たちは物部守屋を見放し、蘇我馬子に加勢したのだろう。なぜ物部守屋だけが、仏教排斥に乗り出し、神道を守ろうとしたのだろう。

物部氏は朝廷の執り行う神道祭祀のなかで、特に重要な役割を担っていた。たとえば天皇のもっとも重要な祭り・大嘗祭の神事の中で造酒童女《さかつこ》という童女がまず儀式を行い、その次に物部氏が登場する。物部氏以外でこのような重責を負っているものは、ほかにない。

物部系の文書『先代旧事本紀《せんだいくじほんぎ》』には、ニギハヤヒの子の宇摩志麻治命《うましまぢのみこと》が、朝廷の伝統的な行事や即位、建都、践祚《せんそ》等の儀礼を整えたとある。即位儀礼に際し、物部氏が楯を立てるともある。このことは、『延喜式《えんぎしき》』にも記されている。物部氏は、豪族の中で特殊な地位にいたことは、間違いない。

旧暦十一月に行われる鎮魂祭《たましずめのまつり》(タマフリ祭)で、弱まった天皇の魂に新たな息吹を吹き込む(これが鎮魂《みたましずめ》)が、このとき箱の中に木綿《ゆう》の糸を入れて、「一二三四五六七八九十」と唱える。一方、物部系の石上神宮《いそのかみ》(奈良県天理市)では、巫女が「一《ひと》二《ふた》三《み》四《よ》五《いつ》六《む》七《なな》八《や》九《ここの》十《とたり》布《ふ》瑠《る》部《べ》由《ゆ》良《ら》由《ゆ》良《ら》止《と》布《ふ》瑠《る》部《べ》」と祝詞《のりと》を上げ、鈴を振って舞う(「神拝詞《しんぱいし》」)。

王家の神道と呼ばれる伯家《はっけ》神道でも、重視しているのは、「一二三四五六七八九十」の祝詞だ。

先述の『先代旧事本紀』には、神武天皇は宇摩志麻治命からニギハヤヒの天瑞《あまつみつの》宝《たから》をもらい受けたとあるが、これは「十種神宝《とくさのかんだから》」で、「十」の数字が入る。物部氏と「十」は、強くつながっていたようだ。

王家が物部氏の祭祀も継承した?

折口信夫は、興味深い指摘をしている。天皇は代々天照大神からつながれてきた「霊」を継承するが、もうひとつ、「大和の国の魂」の「容れ物」の役目を負っていて、その「大和の魂」は、「物部の力」なのだという。ニギハヤヒは長髄彦を裏切って神武に王権を禅譲したが、この話から「にぎはやひの命は、即、倭の魂」といい、この魂を身に付けたものが、ヤマトを統治する資格を得たことを意味するという。

折口信夫は、次のようにまとめる。

天皇は、大和の国の君主であるから、大和の国の魂の著《つ》いた方が、天皇となつた(三種の神器には、別に、意味がある)。大和の魂は、物部氏のもので、魂を扱ふ方法を、物部の石上の鎮魂術といふ。此一部分が、神道の教派の中に伝はつてゐる。

(『折口信夫全集　第三巻』中公文庫)

ここにある「大和の魂」とは、吉備からもたらされた祭祀形態であり、「前方後円墳体制」と言い直すことも可能だ。

陰陽五行《いんようごぎょう》で古代史を見つめ直した吉野裕子《よしのひろこ》は『大嘗祭』(弘文堂)の中で、天皇家は物部氏の祭祀や信仰形態を踏襲したのではないか、と指摘している。

物部氏・三輪山の神・崇神天皇を一つにするこの強大な軸、この三者を一つにむすびつけているものはそれらの背後にある祖先神蛇に他ならない。

そして、物部氏の「モノ」は、「霊《モノ》」であり、蛇の呪力を負っていて、「物部氏の祭祀そのものが天皇家によって踏襲された」と指摘している（前掲書）。

なぜここまで、物部氏は神道と天皇に、近い存在だったのだろう。

それは、ヤマト建国の中心に吉備が立ち、前方後円墳の墳丘上に並べられた神聖な土器を、吉備がヤマトにもたらしたこと、それが新たな埋葬文化を産み、前方後円墳に象徴される「同じ信仰を共有することでゆるやかな連合体を形成する」という、ヤマト建国の哲学そのものが、物部氏らによって形成されたことを意味していないだろうか。

つまり、ニギハヤヒは吉備からヤマトに乗り込み、しかも、何らかの理由で、王権を他の王家に譲り、その代わり、神道祭祀の原型を完成させ、その様式を、神武の王家に渡した、ということだろう。六世紀の段階で「皇族が神道に冷淡で、物部氏が猛烈に仏教に反発した」その理由も、分かるような気がするのだ。

権力を与えられなかったヤマトの王

ヤマトの前方後円墳という埋葬文化と祭祀の様式を整えたのは、吉備＝物部だった……。そして、ニギハヤヒは、神武天皇に「吉備で生まれた祭祀様式を継承させること」を条件に、王権を禅譲したのではないかと思えてくる。そう考えると、古代史の多くの謎が解けてくるのだ。

ここで、ヤマト建国時の天皇の立場を考えてみたい。

『日本書紀』や『古事記』に記録された神武東征説話は、誤解されていたと思う。戦前、戦中の尋常小学校の「金色のトンビが弓に止まった挿絵」が示すとおり、「強い神武天皇」が強調され、喧伝《けんでん》されたことも、誤解を招く原因になったと思う。

しかし、『日本書紀』や『古事記』を丹念に読めば、「軍事力でヤマト側に圧倒されていたのにヤマト入りを成し遂げた神武」という図式が見えてくる。神武はたびたび試練を与えられ、その都度天照大神たちの助けを借り、それこそ「神懸り的な復活」を遂げていたのだ。そして、「どうやっても勝てない強い相手」を前にして、神託どおり呪術を執り行い、「負けぬ体になったと確証した」のだ。

現代人にはわかりにくいことだが、『日本書紀』や『古事記』は、「神武は神に守られていた」「神を祀る神武は最強だった」といっているのであって、「神武はヤマトの政敵を軍事力で圧倒していた」とは、どこにも書いていない。じつは、ここがポイントだったのだ。

ニギハヤヒは、神武に王権を禅譲したが、実権を手放したわけではなかっただろう。祭祀様式は吉備を標準にすることができたし、天皇の住まいに城柵は造らせなかった。弥生時代の地方の首長でさえ、城柵と環濠を整えていたのに、ヤマトの王は、「丸腰」だったのだ。すなわち、ヤマトの王は、神を祀ることに特化された祭司王だったのだろう。ここに、ニギハヤヒの深慮遠謀がある。

ヤマト政権発足当初の王家に独裁権力が無かったことは、「ヤマトの古墳群」の様子を見ても明らかだ。

ヤマト建国直後に出現した古墳群は、三輪山麓台地の大和・柳本《やなぎもと》古墳群だ。三世紀中頃から四世紀後半（時代はもう少し下るかもしれない）に三十一基の前方後円墳と前方後方墳が造営された。また、前方後円形の弥生墳墓五基も、造られている。四世紀末からしばらく前方後円墳の造営はなくなり、六世紀になって前方後円墳が四基築かれる。南北四・五キロメートル、東西二・五キロメートルという範囲に、これらの巨大古墳が密集している。

二〇〇メートルをこえる大型前方後円墳は、全部で四基。これが、四代続く王の墓と思われる。さらに、墳長が一〇〇～一五〇メートルの中型前方後円墳、前方後方墳が、十数基存在し、この「首長クラス」の墳墓が四代の王を取り囲むように造られていったのだ。同時代の地方に目をやると、一〇〇～一五〇メートル級の古墳が同時期に重なって造営されるような例はない。ここに、大和・柳本古墳群の特徴がある。

この古墳群には、四～六人の首長の系譜が確認できそうなのだ。ただ、それらの首長たちが、狭い地域に生活の場を置いていたかというと、これは疑問だ。そこで広瀬和雄は、「奈良盆地の各所に分住していた有力首長たちは強力な政治的紐帯《ちゅうたい》をもっていて、そうした関係を一個の古墳群を形成するという形式をとおして表現した」といい、「重要なことは、古墳時代の大王がけっして超越的、かつ専制的な存在ではなかったことである」と指摘した（『前方後円墳国家』角川選書）。

なるほど、そのとおりだろう。各地から首長が集まり、一つのまとまりが完成し、王は皆の手で担ぎ上げられたからこそ、このような古墳群が生まれたのだろう。そしてその中心に立っていたのが、物部氏だと思う。

古墳時代とは、「物部氏の時代」なのだ。われわれは「王家は入れ替わらなかったのか」ばかりに気を取られ、「物部氏の歴史」に、余りに無頓着だったのではあるまいか。前方後円墳を知るためには、物部氏をきわめねばなるまい。

瀬戸内海を支配し東に向かった物部氏

ニギハヤヒの末裔は、瀬戸内海と北部九州に拠点を作り、繁栄をきわめた。五世紀前半には、吉備に天皇陵と肩を並べる巨大な前方後円墳も造られたのだ。五世紀後半に雄略《ゆうりゃく》天皇が出現し、吉備は一度没落したように見えるが、ヤマトの物部氏は、次第に東に向かって進出していくようになった。ここで注目すべきは、信濃（科野。長野県）に遣わされた渡来人と、馬の飼育だ。物部氏が仕掛けたようなのだ。

信濃と物部氏には、不思議な縁がある。

たとえば善光寺《ぜんこうじ》（長野市）本堂には、「守屋柱《もりやばしら》」があって、他の柱がみな丸柱なのに、この一本だけが、角柱なのだ。蘇我馬子に討ち取られた物部守屋の「守屋」で、柱の下に守屋の首が埋まっているという（もちろん、伝説だが）。

善光寺（長野県長野市）

諏訪大社《すわたいしゃ》（長野県諏訪市、茅野市《ちの》、下諏訪町）の御神体は守屋山《もりやさん》で、もともとは土着の洩矢神《もりやのかみ》を祀っていた。出雲神・建《たけ》御名方神《みなかたのかみ》が天孫《あめみま》に追われ、この地に落ち延びてきたとき、土着の洩矢神と一度戦っている。のちに共存の道を選び、諏訪大社では、建御名方神が祀られている。その「建御名方神を受け入れた洩矢神」と物部守屋が、ここで習合してしまったというのだ。

なぜ、長野県に物部守屋が関わってくるのだろう。

まず、善光寺の縁起（『善光寺縁起』）に、興味深いことが書かれている。

善光寺は「凡夫底下《ぼんぷていげ》の草創」とあり、庶民が建てた寺だとある。「信濃国伊那郡の土民・本田善光《ほんだよしみつ》」が建立した庶民による庶民の寺だ。

本田善光が難波（大阪府）を訪ねた時のことだ。難波の堀江（大阪市中央区）から仏像が飛び出してきて、背中に乗った（憑依《ひょうい》を意味しているとする説もある）。おんぶされたまま、仏像は信濃にやってきて、善光寺が建てられ、件《くだん》の仏像は本尊になったというのである（ものすごく簡潔に縁起の内容を話している）。

ところで、本田善光が持ち帰ったのは、物部守屋が仏教排斥運動の中で捨てた、あの仏像だった。ここで、奇妙な形で、物部守屋と信濃がつながった。しかし、あまり知られていないだけで、古代豪族の中で信濃ともっとも強くつながっていたのは、物部氏だったのだ。

『日本書紀』雄略十三年（五世紀後半）春三月条に、「餌香《えか》の長野邑《ながののむら》を物部目大連《もののべのめのおおむらじ》に下賜した」とある。これは河内の話で、「長野」はもともと河内の地名だったのだ。「河内国《かわちのくに》志紀郡《しきのこおり》長野郷《ながののさと》」は、現在の近鉄南大阪線藤井寺駅の周辺だった。藤井寺と言えば、誉田御廟山《こんだごびょうやま》古墳（応神天皇陵。大阪府羽曳野市）がすぐそこだ。このあたりに、かつて式内社の長野神社が鎮座していたが、辛国《からくに》神社（大阪府藤井寺市）に合祀されている。辛国神社は、ニギハヤヒ、スサノヲ、アメノコヤネを祀っている。おそらく、ニギハヤヒは、長野神社が祀っていた祭神だろう。

誉田御廟山古墳（応神天皇陵・大阪府羽曳野市）

物部氏は河内の長野の渡来系豪族（長野氏）を信濃にさし向けた。長野県の長野の名は、このことと関わりが深い。

物部氏が信濃とつながっていくのは、長野氏ら多くの人を派遣したからなのだ。『先代旧事本紀《せんだいくじほんぎ》』（『国造本紀《こくぞうほんぎ》』）によれば、科野《しなの》（信濃）国造《くにのみやつこ》は神武天皇の第二子・神八井耳命《かむやいみみのみこと》の末裔の金刺舎人《かなさしのとねり》氏とあり、多氏《おおうじ》や阿蘇氏と同族で、この科野国造が、物部氏とつながっている。

大阪にある元善光寺

科野国造は多氏系だが、その多氏を支配し、五世紀後半に金刺舎人氏や長野氏らの渡来系豪族や渡来人を科野に送り込んだのが、物部氏である。物部系の石上《いそのかみ》神宮の神戸《かんべ》は、大和国が二十戸なのに、信濃国は五十戸と、異常な数だ。物部氏が科野とつながっていたからだろう。善光寺ももともと河内に祀られていたのだ。

藤井寺市は百済《くだら》系渡来人葛井《ふじい》氏の根城で、氏寺の葛井寺《ふじいでら》が鎮座する。そこから一キロほど北に行くと、小山善光寺があり、門前に「日本最初　善光寺如来」の石標が立つ。本田善光が仏像を信濃に持ち帰るときにここに滞在した（らしい）。だから、元善光寺とも呼ばれている。

物部守屋の地元・八尾《やお》市にも、元善光寺（垣内《かいち》善光寺）が鎮座し、やはり本田善光が信濃に帰るとき立ち寄ったという。そもそも「本田善光」の「ホンダ」は、誉田御廟山古墳の「誉田」からきているのではないかとも疑われている。

やはり大阪と長野は、強く結ばれていたのだ。そして、両者をつないでいたのが、物部氏である。

ではなぜ、物部氏が科野に注目したかというと、馬の飼育を考えたからだ。

大陸や朝鮮半島の馬の文化が日本に流入するのは五世紀のことで、江上波夫は、騎馬民族日本征服説を主張している。もっとも、日本列島が騎馬民族に蹂躙《じゅうりん》され

積石塚古墳（長野県須坂市）

た痕跡はない。

広開土《こうかいど》王《おう》碑文《ひぶん》にあるように、高句麗は朝鮮半島に領土的野心を抱き南下し、朝鮮半島南部の国々は、倭国に救援を要請し、遠征軍が派遣された。この時、「騎馬戦の威力」を思い知らされた倭人は、馬の量産をはじめようと考えたのではなかったか。

実際、五世紀後半になると、馬にまつわる副葬品が増えている。

また、長野盆地（主に信濃川の東側）に無数の積石塚《つみいしづか》古墳が現れる。土を盛らず、石だけで積み上げた墓だ。これは、扶余《ふよ》系騎馬民族特有の埋葬様式で、総数約九〇〇基は、長野県の古墳の三〇パーセントにあたる。埋葬されている人たち全員が渡来系というわけではないようだが、積石塚古墳の密集地は、もと高井郡と呼ばれていて、高句麗系渡来人に高井氏がいることは、やはり無視できない。渡来人の手で、盛んに馬が飼育されていたことは、間違いない。

六世紀には、各地の古墳に副葬される甲冑《かっちゅう》が激減し、これに替わって大型の直刀と馬具が増えた。装甲歩兵から騎馬兵への変化が見られるのだ。

長野県で始まった馬の飼育は、群馬県にも広がっていく。

北関東も物部氏が関わっていた?

渡来人は信濃(長野県)だけに住んでいたわけではない。東日本全域に移り住んでいた。その様子も見ておこう。

分布していたのは、上毛野《かみつけの》(群馬)、甲斐(山梨県)、西遠江《とおとうみ》(静岡県)、東三河(愛知県)だ。北関東の雄族・上毛野氏《かみつけぬうじ》の場合、『日本書紀』に訪韓の伝承が残されていることから、特に朝鮮半島とのつながりが深かったと思われる。古墳の副葬品にも、外来系の遺物が多い。

剣崎長瀞西《けんざきながとろにし》遺跡(群馬県高崎市)には、五世紀中頃の直径三〇メートルの剣崎長瀞西古墳（円墳、帆立貝式古墳の可能性もある）と円墳群がみつかっている。この地域を支配していたのは、遺跡から一キロ南側の平塚古墳（一〇五メートルの前方後円墳）の被葬者で、剣崎長瀞西古墳は、その配下の中間管理職のような立場だ。管理していたのは、どうやら、渡来系の馬の飼育をする人たちだったようだ。

古墳群から少し離れた場所に、方形で石を低く積み上げた積石塚《つみいしづか》が八基みつかっている。一辺一・六メートル、高さ三〇センチという小振りなものから、一〇メートル四方、二段に石を積み上げた大振りなものもある。その中のひとつの墳墓から、長さ八センチの垂飾付耳飾《すいしょくつきみみかざり》がみつかった。これは外来系の遺物で、東日本ではあまり発見されていない。造られたのは、五〜六世紀の伽耶《かや》（その中の大伽耶）と思われる。有力者がもつべき装飾品が、小さな積石塚に副葬されていたこと、韓式系軟質土器が出土していることから、被葬者は渡来系と考えられている。軟質土器は生活の道具であること、粘土に群馬県の鉱物が含まれていたことから、この一帯で造られたことを意味していて、渡来人の集団が定住していたことを暗示している。しかも、故郷の造り方をそのまま伝えているために、一世の仕業と考えられている。

それだけではない。剣崎長瀞西遺跡からは、伽耶の馬具を身にまとった馬の埋葬壙がみつかっていて、関東以北の馬の埋葬では、最古級だ。

ところで積石塚といえば、高句麗に発生した埋葬文化だが、五世紀初頭には衰退している。茶臼塚《ちゃうすづか》古墳（大阪府柏原《かしわら》市）や信濃北部に展開した積石塚は、四世紀のものだが、その他の上毛野、甲斐、西遠江、東三河でみつかった積石塚は、五世紀後半以降のものだ。したがって、ほとんどが直接高句麗からもたらされたものではない。おそらく、高句麗の文化を吸収した朝鮮半島南部の人々がもちこんだのだろうが、若狭徹《わかさとおる》は『東国から読み解く古墳時代』（吉川弘文館）の中で、次のように指摘している。

①擬制的な同祖同族を主張する東国の渡来人たちが、彼らのアイデンティティを可視化する具として自ら創出した可能性、あるいは②かつて半島で積石塚が築造されていた情報を知っていた倭人側が、外来者を識別する装置として創案（あるいは強要）した可能性である。

その上で信濃北部の四世紀末から五世紀後半まで続いた八丁鎧塚《はっちょうよろいづか》古墳群（長野県須坂《すざか》市）の積石塚が大きな意味を持っていたと指摘している。すなわち、古い段階に日本に渡って来た渡来人の墓で、その様式が、東日本の人々によく知られていて、この影響を受けて、群馬の積石塚が造られたのではないかと推理している。

そうはいっても、渡来系が入植していたこともたしかだろう。群馬の一帯に地盤を置いた上毛野氏は、朝鮮半島遠征軍に狩り出されていたから、渡来人との強いパイプがあったはずだ。また、群馬県を代表する貫前《ぬきさき》神社の祭神が経津主神《ふつぬしのかみ》で物部系なのは、物部氏が信濃のみならず、北関東にも渡来人を派遣し、影響を及ぼしていた証となろう。

壬申の乱（六七二）で、「東の騎馬軍団」が活躍し、さらに源平合戦で西の船が活躍したのも、物部氏の先見の明のなせるわざだったのだ。「西の船」「東の馬」という図式は、物部氏が創り上げていったのだ。

なぜ前方後円墳体制は瓦解したのか

瀬戸内海の水上交通をおさえ、東国で馬を量産しはじめた物部氏は、無敵だった。日本各地に拠点を構え、支配地を増やしていったのだ。古代最大の豪族は物部氏であり、物部氏が前方後円墳体制を支え続けたと言っても過言ではなかった。その証拠に、物部守屋の滅亡の直後、古墳時代は終焉した。ここに、「古墳とはなにか」を考える上で、重要なヒントが隠されていることは、当然のことだ。

それにしても、ここで大きな謎が浮かぶ。絶大な権力と広大な領土を保有していた物部氏によって支えられていた前方後円墳体制が、なぜ一気に瓦解したのだろう。三百年以上続いた前方後円墳の造営が、ぴたりとなくなったのは、なぜだろう。

最大の原因は、隋《ずい》の皇帝（文帝《ぶんてい》）の「此れ太《はなは》だ義理無し」（『隋書』倭国伝）というあの一言ではなかったか。「あきれかえった」と言われて、みなが愕然とし、発憤したのではなかったか。

すなわち、井の中の蛙の倭国は、「古い統治システムにあぐらをかいていた」ことに、気付かされたのだろう（ここから始まる改革事業が良かったのか悪かったのかは別として）。

つまり、三世紀後半から三百年にわたって有効だった統治システムは、機能不全を起こしつつあったのだろう。祭司王の権威と実権を握る諸豪族（中心に立っていたのは物部氏だろう）による政局運営が限界に達し、流動化する東アジア情勢の中で、機能しなくなったのだ。そして、この古い統治システムを象徴していたのが、前方後円墳だった……。

すでに五世紀、倭国は盛んに朝鮮半島に出兵し、高句麗と戦い、朝鮮半島南部の権益を守りつづけていたのだ。この場合、豪族たちが、それぞれの支配する民の中から兵を出し合って、混成軍を形成していた。しかし、すばやい判断が求められるのだから、できれば「強い王」がいたほうが、優位に立てただろう。五世紀後半に雄略《ゆうりゃく》天皇が出現し、独裁的になった理由も、ここにあったはずだ。ただし、反動が起きて、政権は混乱し、王統は、応神天皇五世の孫の継体《けいたい》天皇に入れ替わったが、ふたたび中央集権国家造りの歩みが始まる。この延長線上に、大化改新《たいかのかいしん》（六四六）があったのだ。律令《りつりょう》（刑法と行政法）による、合理的な統治システムが求められたのである。

ならば、この時、物部氏はどのように動いたのだろう。なぜ蘇我氏と争ったのだろう。それは、『日本書紀』が言うように、仏教と神道の宗教戦争だったのだろうか。

これは不思議なことなのだが、『先代旧事本紀《せんだいくじほんぎ》』には、物部守屋が蘇我馬子に滅ぼされた事件が一言も出てこない。物部系の文書なら、恨みつらみを述べるべきなのに、これはどうしたことだろう。

それだけではない。『先代旧事本紀』は、古代史の大悪人・蘇我入鹿が、物部系の女性から産まれたと、自慢気に記している。これはいったい、どうしたことか。ちなみに『日本書紀』には、蘇我馬子は物部守屋の妹を娶り、その計略によって物部守屋を滅ぼしたと言っている。ここに、主張の食い違いが見えるのである。

『日本書紀』のウソ

まず、蘇我氏に対する誤解を、ここで解いておこう。

教科書的にいえば、蘇我氏は天皇家をないがしろにし、改革事業の邪魔になった守旧派だ。かたや皇室の危機と感じとった中臣《なかとみの》（藤原《ふじわらの》）鎌足《かまたり》は改革派で、中大兄皇子《なかのおおえのみこ》と手を組み、蘇我入鹿を暗殺したということになる。これが、乙巳《いっし》の変（六四五）で、翌年に大化改新が断行された。

しかし、他の拙著の中で述べてきたように、蘇我氏は実際には改革派で、皇位に固執する中大兄皇子をそそのかして蘇我入鹿暗殺をしでかしたとみる。

蘇我入鹿が邪魔になっただけだったのだ。蘇我本宗家滅亡のあと即位したのは孝《こう》徳《とく》天皇で、親蘇我派だった。だから、中大兄皇子と中臣鎌足は、孝徳政権でまったく活躍していない。それどころか、彼らは要人暗殺をくり返している。改革の邪魔になったのは、むしろ、中大兄皇子と中臣鎌足の方だ。

ならばなぜ『日本書紀』は、蘇我氏を罵倒していたのかと言えば、『日本書紀』編纂《へんさん》時の朝廷を牛耳っていたのが、中臣鎌足の子の藤原不比等《ふじわらのふひと》だったからだ。藤原不比等は藤原千年の基礎を築くが、「父親と中大兄皇子が私利私欲で改革事業を潰した」ことを歴史に残すはずもなかった。あらゆる手段を駆使して、蘇我氏の正義を裏返し、大悪人に仕立て上げ、改革の手柄を横取りする必要があったのだ。この事情が分からなかったから、これまで古代史の真相をつかむことができなかったのである。

そこで注目しておきたいのが、次の一点だ。『日本書紀』が「物部氏と蘇我氏は犬猿の仲だった」と言っているのに、物部系の『先代旧事本紀』は、蘇我氏を批判するどころか、両者のつながりを肯定的に記録している。つまり、どちらかが嘘をついていることになる。

『日本書紀』編纂の中心に立っていた藤原不比等にとって、「物部氏と蘇我氏が手を組んでいた」という話は、後世に残すことができなかったのではあるまいか。というのも、このあと触れるように、改革事業と律令整備は、蘇我氏と物部氏の手で推し進められていて、『日本書紀』はこの事実を抹殺するために、両者の本当の仲を記録できなかったのである。

ここで、「律令制度」について、簡単に触れておこう。律令制度は隋や唐で生まれた明文法による統治システムだが、隋や唐では、皇帝に強い権力を与えていた。これに対し、日本の律令は、改良型で、「合議制」によるそれまでの伝統を踏襲したものとなった（もっとも、藤原氏は、法の不備を突いて一党独裁体制を固めていくが）。天皇は太政官（合議機関）が奏上してきた案件を追認し、これが文書となり玉璽《ぎょくじ》が捺《お》されて、行政が動きだした。玉璽を管理していたのは、太政官だから、原則として、実質的な権力は太政官が握っていたのだ。

律令制度のもうひとつの特徴は、土地制度改革で、豪族たちが私有していた土地と民を、一度国家が集め、民の戸籍を作り、頭数に応じて、耕地を分配した。土地を手放した豪族たちには、相応の官位と役職が与えられたのである。

『日本書紀』には「邪魔者の蘇我氏がいなくなって、一気に改革は進んだ」と記録されている。しかし、これが怪しい。ここまで述べてきたように、蘇我氏こそ改革派だったからだ。

前方後円墳体制に幕を下ろしたのも物部氏

百歩譲って、『日本書紀』の言うとおり蘇我氏が反動勢力だったとしても、蘇我本宗家が滅びたただそれだけで、律令が飛躍的に進展する可能性は低かった。理由は簡単。広大な土地を豪族たちが握っていたからだ。先祖代々受け継いできた貴重な財産を、彼らがすぐに手放すはずはなかったのだ。

豪族たちは「おらが土地」を、そうやすやすと朝廷に差し出して丸裸になるはずもなかった。この改革最大の難関をどう解決したのか、『日本書紀』は、まったく語っていない。蘇我本宗家が滅びただけで、なぜ日本中の土地が、一気に朝廷のものになったのだろう。中でも、日本中いたる場所に領土を保有していた物部氏の首に、誰が鈴をつけたというのだろう。

最大の豪族で、最大の地主だった物部氏が納得しなければ、律令制度など絵に描いた餅だった。ならば、物部氏を誰が説得したのか、その功労者の名が出てこないところが大問題である。

蘇我氏の氏寺・元興寺《がんごうじ》（創建時は法興寺《ほうこうじ》、飛鳥の大仏様。平城京遷都の後に一部移転し、元興寺になる）の『元興寺《がんごうじ》伽藍《がらん》縁起《えんぎ》并《ならびに》流記《るき》資財帳《しざいちょう》』に、物部氏を説き伏せた女性が登場している。それが、謎の「大々王《おおおおきみ》」なる人物で、一般的には、推古《すいこ》天皇のことではないかと考えられているが、物部氏に向かって「わが眷属《けんぞく》（一族）」と呼びかけていること、「大々王」という「隠語」を用いているところがミソだ。『日本書紀』が隠してしまった「歴史の核心」を、この説話が暴露しているように思えてならない。

他の拙著の中で述べてきたように、この人物は『先代旧事本紀』に登場する蘇我馬子の妻・物部鎌姫大刀自連公《もののべのかまひめのおおとじのむらじきみ》にそっくりなのだ。『先代旧事本紀』に従えば、蘇我入鹿の母でもある。

大々王は、物部氏に向かって、仏教排斥をやめるよう訴え、みなこれに従うのだ。しかしこの話、裏があるのではないか。物部守屋と蘇我馬子の対立が純粋な宗教戦争ではなく、政敵同士の主導権争いであり、物部守屋は「そうやすやすと土地を手放してなるものか」と抵抗し、だからこそ蘇我馬子の軍勢に、朝廷の主だった者たち（聖徳太子も含めて）が、参戦し、その後大々王＝物部鎌姫大刀自連公の活躍で、ようやく物部氏も蘇我氏の主導する改革事業に賛同した、ということではあるまいか。

すなわち、物部氏が「未来のため、日本のため」と私欲を捨て、広大な土地と民を差し出したとすれば、これが律令整備の最大の山場だったと思われるのである。

もちろん物部氏は、土地を手放しただけではなく、「前方後円墳体制も、そろそろやめよう」という蘇我氏の申し出に、うなずいたのではあるまいか。これが、古墳時代の終焉だったと思うのである。

古墳の話なのに、長々と物部氏の話をしてきたのは、前方後円墳体制が物部の時代だったこと、幕引きをしたのも物部氏だったことを、確認しておきたかったからである。

前方後円墳からヤマト建国の真相を探る

そこでようやく、次の謎に進むことができる。今度は、古墳時代の始まりに焦点を当ててみよう。

すでに述べたように、ヤマト建国最大の謎は、弥生時代後期の大混乱を、あっというまに収拾してしまったことだ。それまでなにもなかった纏向に、政治と宗教に特化した都市が生まれた。そして、前方後円墳が造られ、各地の首長が、ヤマトに集まってきたのだ。この現象、どうやって説明すればよいのだろう。そしてなぜ、前方後円墳体制は長続きしたのだろう。それはただ単に、「吉備が繁栄し、物部氏が安定した政権を維持できたから」なのだろうか。もっと複雑な背景が隠されていたのではあるまいか。要は、ヤマト建国の真相を知りたいのである。

そこで注目してみたいのが、出雲なのだ。邪馬台国よりも、出雲の謎が面白い。出雲が分かれば、ヤマト建国の謎も解け、古墳の真実を知る手がかりがつかめるはずだからである。

これまで、ヤマト建国の歴史は、そう簡単に解けないと考えられてきた。最大の理由は、『日本書紀』の記事があてにならなかったからだ。たとえば神武東征は、今から二千数百年前の出来事として記録されている。しかし考古学は、そんな時代に国の中心がヤマトに置かれたとは、到底信じられないと考える。また、『日本書紀』の古い記事は現実味がなく、多くの臆測と創作によって構成されていると信じられてきた。また、天皇家の歴史をなるべく古く、遠くに見せかけることによって、王家の尊さと正統性を証明したかったというのだ。

しかし筆者は、まったく別の考えを持つ。『日本書紀』編者はヤマト建国の歴史を熟知していて、だからこそ、真相を闇に葬ったと思うのだ。理由は簡単なことで、八世紀初頭権力を手中にした藤原不比等は、物部氏や蘇我氏をあくどい手口で追い落とし、彼らの正体を抹殺する必要があったからだ。物部氏や蘇我氏こそ、ヤマト建国時に大いに活躍した者たちだったと筆者はみる。

そして、『日本書紀』は見事に歴史を改竄《かいざん》し、「『日本書紀』を何回読んでもヤマト建国のいきさつを掌握できない」ようにしてしまったのだ。神話と神武東征というお伽話が続くのだから、無理もない。

けれども、隠された歴史をある程度再現することは可能だ。まず、『日本書紀』は嘘で塗り固められているが、明らかな嘘は、すぐに発見できる。

たとえば、纏向に集まってきた土器で、ヤマト建国に参画した地域がはっきりとわかるが、『日本書紀』は神話と神武東征の場面で、これらの地域をほとんど無視してしまった。ヤマト建国には参画していないが、隠然たる影響を及ぼしていたであろう北部九州も、なぜか無視されている。天孫降臨は南部九州を舞台にしていて、史学者の多くは、「歴史を古く遠くに見せかけるために、わざわざ南部九州を選んだ」とお茶を濁すが、どうにもすっきりしない。土器をもっとも多く持ち寄った東海地方（尾張）も、まったく登場しない。そんな中、唯一、出雲だけが、神話に登場したのだ。

出雲に何かしらの勢力が存在し、ヤマト建国に貢献していたことが分かってくると、「なぜ出雲だけが神話に登場しているのか」という、別の疑問が浮上してくるのだ。

そしてもうひとつ、出雲をめぐる大きな謎は、「祟る出雲」ではなかろうか。あらゆる場面で、出雲神は祟るのだ。政権を揺るがしかねない事態にまで発展したと記録されている。これは、なぜだろう。

ヤマト建国ののち、繁栄を誇っていた杵築《きづき》の一帯が現実に衰退してしまったこと と、関係しているのだろうか。

いじめられた出雲の神々

出雲神が祟ると信じられていたのは、「本当に出雲がいじめられた」という歴史があったからだろう。

神話の中で、出雲は皇祖神に国を譲り渡し歴史時代に入っても、なぜか神宝《かんだから》（祭祀権）を朝廷に奪われている。そこで神話のあらすじだけ述べておこう。

イザナキとイザナミは国生みを終えて、神を生んでいく。お気に入りの神は大日《おおひる》孁貴《めのむち》（天照大神《あまてらすおおみかみ》）で、天上界の支配者にした。スサノヲは勇ましく残忍だった。泣いてばかりで人々を早死にさせ、青山を枯らしてしまった。そこで根の国（地下の死者や祖霊の国）に追放された。すると、去る前に一目姉の天照大神に会っておきたいと天上界に向かった。天照大神がスサノヲが国を奪おうとしていると恐れたのでスサノヲは、身の潔白を証明しようと、誓約《うけい》を提案した。それぞれの持ち物から生まれた子が男女どちらかで見定めようというのだ。結果、スサノヲの潔白は証明された。この時生まれたのが、正哉吾勝勝速日《まさかあかつかちはやひ》天忍穂耳尊《あまのおしほみみのみこと》（天皇家の祖）や天穂日命《あまのほひのみこと》（出雲国造家の祖）、宗像《むなかた》三神らであった。ところがスサノヲは慢心し、暴れ回ってしまった。驚いた天照大神は天石窟戸《あまのいわやと》にこもってしまい、この世は闇となった。アマノウズメらの活躍で、天照大神は表に出されるが、スサノヲは地上界に追放された。

　スサノヲは出雲国簸川《ひのかわ》（出雲西部）の上流域に舞い下りた。ここで八岐大蛇《やまたのおろち》退治をして、奇稲田姫《くしいなだひめ》を救い、清地《すが》（須賀）に宮を建てた。大己貴神《おおあなむちのかみ》（大国主神《おおくにぬしのかみ》、大物主神《おおものぬしのかみ》、大穴持命《おおあなもちのみこと》）が生まれ（『古事記』の場合、スサノヲの六世の孫）、スサノヲは根国《ねのくに》に去った。大己貴神は、少彦名命《すくなひこなのみこと》とともに、出雲の国造りに励む。すると天上界では、正哉吾勝勝速日天忍穂耳尊の子・天津彦彦火瓊瓊杵尊《あまつひこひこほのににぎのみこと》（天照大神と高皇産霊神《たかみむすひのかみ》の孫でもある）を地上界に降臨させようと企てた。しかし、邪神《あしきかみ》（邪しき鬼、出雲神）を打ち払う必要があった。そこで天穂日命をさし向けるが、出雲に同化して復命しなかったため、最後の切り札に、経津主神《ふつぬしのかみ》と武甕槌神《たけみかづちのかみ》が遣わされた（この二柱の神が後々大きな意味を持ってくるので、お忘れなく）。

経津主神と武甕槌神が大己貴神に国譲りを迫ると、大己貴神は「子の事代主神《ことしろぬしのかみ》に聞いてくれ」という。事代主神は要求を受け入れ、海の中に「八重蒼柴籬《やえのあおふしがき》（祭壇、神籬《ひもろぎ》）」を造り、船を傾けて沈んでいった。大己貴神はこれを聞き、経津主神らに国を平らげた時に使った広矛《ひろほこ》を授け、自身は八十隈《やそくまで》（幽界）に去って行った……。

これが、出雲の国譲り神話だ。

そして、歴史時代の出雲いじめも無視できない。

出雲をいじめ続けているのは物部系？

『日本書紀』崇神《すじん》六十年七月条に、ヤマトと出雲の争いが記されている。第十代崇神天皇の時代だから、ヤマト建国後のいさかいということになりそうだ。

崇神天皇が「出雲大神の宮に納められている神宝を見てみたい」と言いだし、矢《や》田部造《たべのみやつこ》の遠祖・武諸隅《たけもろすみ》を遣わした。この矢田部造は、物部氏と同族だ（これも意味がある）。

神宝を管理していたのは、出雲振根《いずものふるね》なる人物だが、たまたま筑紫国（九州）に行っていたため、弟の飯入根《いいいりね》が素直に献上してしまった。九州から帰ってきて激怒した出雲振根は、飯入根をだまし討ちにして殺してしまう。これを聞いた崇神天皇は、吉備津彦《きびつひこ》らを遣わし、出雲振根を殺したのだった。

『日本書紀』は出雲振根を出雲臣（出雲国造家）の遠祖というが、これは疑問視されている。たとえば瀧音能之《たきおとよしゆき》は、出雲には東西に二大勢力が存在していたこと、実際には、ヤマトが出雲に乗り込み、西の杵築《きづき》の勢力を打ち滅ぼした歴史があって、これを説話化する過程で、出雲国造家を当事者にしてしまったのではないかという（『出雲世界と古代の山陰』名著出版）。

出雲国造は謎が深すぎて、ここで深入りする気はないのだが、この説話と神話の出雲の国譲りが重なっているという指摘は、的を射ていると思う。というのも、『日本書紀』に残されたヤマトの出雲いじめには、はっきりとした「法則」が残されているからだ。

たとえば、垂仁《すいにん》二十六年八月条には、垂仁天皇が物部十千根大連《とおちねのおおむらじ》に「出雲の神宝を検校《けんぎょう》してくるように」と命じている。垂仁天皇は崇神天皇の子で、この記事は武諸隅の事件の焼き直しなのだが、ここで大切なのは、出雲をいじめていたのが（1）武諸隅（2）物部十千根のどちらも物部系だったこと、また、吉備津彦も遣わされていたが、「吉備」といえば物部であること。神話の中で出雲の国譲りを強要したのは経津主神だが、この神も物部系とされている。やはり、出雲をいじめたのは「物部」だったのだ。何度も何度も、『日本書紀』は、「物部（吉備）が出雲をいじめた」と証言していることになる。

さらに問題なのは、ヤマトが出雲を恐れていたことだ。

崇神天皇の時代、疫病が蔓延し、人口が半減してしまった。人々は流浪し、不穏な空気も流れた。崇神天皇が占いをしてみると、出雲神・大物主神《おおものぬしのかみ》が、この災厄が大物主神の意思であること、大物主神の子の大田田根子《おおたたねこ》に祀らせればよいことを告げたので、その通りにしたら、世は平静を取り戻したという。

『古事記』に描かれた杵築大社《きづきのおおやしろ》（出雲大社）の創建をめぐる話にも、出雲神の恐ろしい様子が描かれている。大国主神（大己貴神）が国を譲る時、条件を言いだしている。

「この葦原中国《あしはらのなかつくに》は献上します。ただ、私の住処《すみか》のみは、天《あま》つ神御子《かみのみこ》が天津日継《あまつひつぎ》を伝えられる天の住居のように、底津石根《そこついわね》（大きな岩）の上に宮柱を太く建て、高天原《たかあまのはら》に千木《ちぎ》を高くそびえて祀っていただければ、数々の曲がりを経た地（僻遠《へきえん》の地）であるこの出雲に隠れておりましょう」

つまり、天皇と同等の宮を建てなければ、黙っていない、と脅しているわけだ。

『日本書紀』に無視された尾張氏

いったい、現実の出雲で、何が起きていたのだろう。

ヒントは、神話の中に隠されていると思う。『日本書紀』編者は、史実を隠匿するために、神話を利用したのだから、そこになにかしらの事実が散らばっているにちがいないのである。

そこで興味深い事実に気付かされる。それが、出雲潰しに関わっていた二柱の神だ。経津主神と武甕槌神である。

すでに述べたように、経津主神は物部系と考えられていて、これはほぼ定説と言っていい。かたや武甕槌神はどうかというと、尾張系（東海地方の雄族）ではないか、とする説がある（大和岩雄《おおわいわお》『神社と古代王権祭祀』白水社）。その根拠は、以下の通り。結論を先に言ってしまうと、武甕槌神は雷神であるとともに刀剣神なのだが、この属性が、尾張氏にも備わっていたのだ。

尾張氏は鍛冶《かじ》や鉱山と強くつながっていて、そのため霊剣と関わりが深い。たとえば神武天皇が東征に際し紀伊半島で「熊野の高倉下《たかくらじ》」なる者に助けられるが、これは尾張氏の祖・天香語山命《あまのかごやまのみこと》で、高倉下は霊剣を神武に渡す役割を果たしている。

天香語山命は手栗彦命《たぐりひこのみこと》とも名乗り、この「タグリ」は、冶金《やきん》と関わりがある。たとえば、イザナミの嘔吐《たぐり》から生まれたのは金山彦《かなやまひこ》、金山姫《かなやまひめ》だ。

『日本書紀』、『古事記』、『古語拾遺《こごしゅうい》』、『先代旧事本紀』に、天香具山《あまのかぐやま》（奈良県橿原《かしはら》市）の土で鏡を造ったとある。事実であったかどうかはともかく、天香具山は「ヤマト王家の物実《ものざね》」と考えられていたことは事実で、「鉱山の象徴的存在」だったのだろう。「鉱」は朝鮮語で「カガ」「カグ」で、天香具山や天香語山命に通じる。

『古事記』に登場する天迦久神《あめのかくのかみ》は、天香語山命のことで、天迦久神だけが岩屋にある刀（尾羽張神《おはばりのかみ》）のもとに行けたという話になっている。天迦久神の「カク」は「輝く」の意だ。天迦久神は刀剣神だから、輝いていたのだ。

問題は、ここからだ。

これまで、ヤマト建国の謎解きをめぐって、尾張氏の活躍がほとんど注目されてこなかったのは、『日本書紀』が「尾張氏を消し去った」からだ。

たとえば、紀伊半島で神武天皇を救った高倉下の素姓について、『日本書紀』は何も語っていない。高倉下と尾張氏の祖・天香語山命をつなげているのは、『先代旧事本紀』だった。

これは不思議なことなのだが、『日本書紀』はこの後も、尾張氏を無視し続ける。壬申《じんしん》の乱（六七二）で、東国に逃れた大海人皇子《おおあまのみこ》（のちの天武《てんむ》天皇）をまっ先に出迎え、軍資を提供したのは尾張氏だったが、『日本書紀』は、乱最大の功労者を、記録していない。『日本書紀』の次に書かれた『続日本紀《しょくにほんぎ》』の記事から、ようやく尾張氏の活躍を知ることができたのだ。

なぜ、『日本書紀』は、東海地方の雄族・尾張氏を、毛嫌いしたのだろう。最大の理由は、尾張氏が物部氏のみならず、蘇我氏とも強くつながり、旧豪族の一翼を担っていて、八世紀の藤原氏にとっては権力を握るために邪魔だったのだ。

ついでまでに言っておくと、壬申の乱を制した大海人皇子は親蘇我派で、これを助けた尾張氏も、親蘇我派だった。また、壬申の乱で藤原氏は、一度没落している。この屈辱の歴史を含めて、藤原不比等は尾張氏の歴史を湮滅《いんめつ》したかったのだろう。

そして、このあと徐々に触れていくように、「尾張」こそ、ヤマト建国の鍵を握る重要参考人と思われ、だからこそ、『日本書紀』は尾張氏の正体と功績を残すことはできなかったのだ。

出雲を追い詰めたのは吉備と尾張

神話の中で経津主神《ふつぬしのかみ》（物部系）と武甕槌神《たけみかづちのかみ》（尾張系）がタッグを組んで出雲いじめに向かったように、その他の説話の中でも、物部と尾張が、出雲にからんでいたのだ。その様子を今に伝えているのが、神社伝承だ。

島根県西部は旧石見国《いわみのくに》で、出雲との境付近に物部神社（島根県大田市《おおだ》）が鎮座する。ここに、興味深い言い伝えが残されている。

ニギハヤヒの子で長髄彦《ながすねひこ》の甥に当たる宇摩志麻治命《うましまぢのみこと》（『日本書紀』には可美真手命《うましまでのみこと》）は、神武東征の功績を買われ、霊剣・韴霊《ふつのみたま》を下賜された。その後、尾張氏の祖・天香山命（天香語山命）とともに兵を率いて尾張、美濃、越《こし》を平定し、天香山命は伊夜彦《いやひこ》神社（弥彦《やひこ》神社、新潟県西蒲原郡）に留まり、この地の開拓にいそしんだ。一方宇摩志麻治命は、播磨、丹波を経由して石見に入り、この地の賊を平定し、鶴降山《つるぶせん》に舞い下り国見をし、神社背後の八百山《やおやま》がヤマトの天香具山に似ているところから、ここに宮を構えたという。

物部氏の神社と言えば、石上《いそのかみ》神宮（奈良県天理市）をすぐに思い返すが、あちらは「表」で、石見の物部神社が「裏」だという。石上神宮は政治的で、物部神社は「祈禱に専念している」というのだ。また、出雲大社と物部神社は長い間犬猿の仲で、『日本書紀』にも、出雲の神宝を「物部系の人物」が検校していたとあるように、物部氏は出雲国の西側から、出雲を監視していたようだ。

神社伝承を笑殺できないのは、天香山命と宇摩志麻治命が日本海の二つの場所に拠点を構えたといい、その二つの場所が、ちょうど出雲の四隅突出型墳丘墓の分布域を挟み込んでいたことなのだ。これは、偶然ではあるまい。そして、ヤマト建国ののち、出雲の西部、杵築一帯のかつての巨大勢力が没落していったという事実と重ねたとき、ひとつの仮説が得られる。つまり、ヤマト建国は多くの首長がヤマトに集まることによって成し遂げられたが、主導権争いが勃発し、吉備（物部）と東海（尾張）が手を組み、出雲（日本海勢力）を駆逐したのではなかったか。

これは、日本海と瀬戸内海の流通ルートの主導権争いでもあっただろう。もちろん、敗れたのは日本海ルートであり、事実ここから、瀬戸内海↓北部九州へと続く海の道を掌握した吉備が、巨大勢力に化けていくのである。

ちなみに、物部系の経津主神と尾張系の武甕槌神のコンビは、東国の開発でも協力した可能性が高い。というのも、関東を代表する神社、香取《かとり》神宮（千葉県香取市）と鹿島《かしま》神宮（茨城県鹿嶋市）が水郷地帯を挟み込むように鎮座し、経津主神と武甕槌神を祀っている。八世紀の藤原氏は、鹿島神宮の武甕槌神と香取神宮の経津主神を春日大社に勧請《かんじょう》し、自家の神のように祀りはじめた。これは、名門豪族の権威を奪い取り、「藤原氏の新たな権威」に仕立て上げたということだろう。逆に言えば、藤原氏が成り上がり者だった証なのである。

なぜヤマトの中心が盆地の東南なのか

なぜ物部氏と尾張氏に注目するのかというと、彼らの行動を追えば、ヤマト建国の詳細が判明し、なぜ前方後円墳体制が始まり、しかも長続きしたのか、その理由がはっきりとするからである。

さて、ここで思い出していただきたいのは、纏向に集まった外来系の土器の中で、東海系が、ほぼ半数を占めていたことだ（東海四九％、山陰・北陸一七％、河内一〇％、吉備七％、関東五％、近江五％、西部瀬戸内三％、播磨三％、紀伊一％）。すでに述べたように、史学者や考古学者の多くは、「東の人たちは労働力として狩り出された」といってお茶を濁しているが、本当にそうなのだろうか。

ここで無視できないのは、「なぜ纏向遺跡が奈良盆地の東南の隅に造られたのか」ということだ。

長い間盆地の中央部は湿地帯で水はけが悪く、盆地の東側の山並みに沿った地域が住むのに適していたことは事実だ。しかし、纏向が「ヤマトと東国をつなぐ陸路の交差点」だったことを無視することはできない。東国とヤマトをつなぐ流通ルートは、縄文時代にすでに出来上がっていたのである。

纏向遺跡のすぐ南側の最古の市場・海柘榴市《つばいち》は、まさに東西流通の要だったのだ。この海柘榴市と纏向遺跡は、ほぼ隣接している。

稲作が北部九州に伝わり、稲作文化が東に移動していく頃、奈良盆地の西側には、東北地方で盛行した土偶が流れ込んでいる。おそらく、「稲作を拒否する呪術」が、ここで執り行われていたのだろう。奈良盆地の西側に連なる山系が、瀬戸内海側からの外敵の侵入を拒絶するのだ。神武天皇が生駒山を背にして戦う長髄彦に敗れたのは、当然のことだった。つまり、ヤマトは「西側に突き出た東」なのである。

そう考えると、東側から陸路で奈良盆地にやってきたその入口が纏向だったのだから、纏向に最初に注目したのは「東」ではないかと思えてくる。

これは、本能という視点からも、あてはまるのではあるまいか。

すでに触れたように、物部氏は吉備出身と考えられるが、その根拠のひとつは、河内や奈良盆地の西側を重視していたということだ。八尾市付近に拠点を構えたのは、ヤマト建国後の主導権争いが勃発する中、いざという時に故郷に逃げられる場所を、本能的に選んだということだろう。また、救援を頼めば、瀬戸内海から軍団を送り込んでもらうことが可能だ。

その逆の理屈が、纏向にあてはまる。纏向に最初にやってきたのは、「東」ではなかったか。纏向なら、いざという時、「東」に逃れられる。

ヤマト建国のビッグバンは尾張で起きた？

かつて、邪馬台国東遷論が盛んに唱えられ、あらゆる文物は西から東に流れると信じられていた。しかし、土器の研究が進み、この常識は覆された。ヤマト建国時に限り、少なくとも人間は、東から西に流れていたことが分かったのだ。人々は土器を持って移動し、東海（尾張）からヤマトに、多くの人々がやってきた、そして、ヤマトから北部九州に向かって、人々は移動している。まるで、「ビッグバンは、尾張から始まったのではないか」と思えるほどだ。

なぜこのような人の流れができたのだろう。

ここで注目したいのは、伊勢遺跡と前方後方墳《ぜんぽうこうほうふん》だ。

まずは、前方後方墳の話をしていこう。

前方後方墳は、前方後円墳とは違う。前も後ろも方形の古墳だ。前方後円墳を頂点とする古墳のヒエラルキーの中で、前方後円墳につぐNo.２の位置につけていると、考えられていた。ところが、前方後方墳が出現した当初は、前方後方墳と前方後円墳は棲み分けをしていて、しかも前方後方墳は前方後円墳よりも早く、各地に伝播していったという説が登場した（植田文雄《うえだふみお》『「前方後方墳」出現社会の研究』学生社）。

植田文雄は、纏向と近江、東海の土器編年を整理し、出現期の前方後方墳の年代観を一期から五期に分類し、刷新したのだ。そして、前方後方墳誕生の地を、それまでは伊勢湾沿岸と考えられていたものを、近江に訂正した。弥生後期に大型の方形墓を築造していた日本海側の影響を受けて、新たな形の墳墓を造営するようになったと指摘したのである。

最初に造られた前方後方墳は神郷亀塚古墳《じんごうかめづか》（滋賀県東近江市）で、一期の前方後方墳は、他に滋賀県米原市と愛知県清須市、大阪府八尾市の三つだけで、同時期の前方後円墳は、纏向遺跡の纏向石塚古墳だけだという。

神郷亀塚古墳の全長は約三八メートルで、それまでにはなかった高い墳丘が築かれている。年代決定のできる地点でみつかった土器は、弥生後期末のもので、古墳が完成したのは、遅くとも「庄内式《しょうないしき》古段階」だという。纏向遺跡の出現した時代だ。

ではなぜ、これまでほとんど注目されてこなかった近江に、このような風変わりな古墳が出現したのだろう。

弥生時代後期の日本海に注目してみると、答えが隠されている。

急速に発展した出雲は、四隅突出型墳丘墓を越《こし》（越前、越中）に伝えていたが、但馬《たじま》、丹波《たんば》（丹後）は、なぜか四隅突出型墳丘墓を拒んでいた。しかも但馬、丹波は、出雲を意識し、日本海の主導権争いをしていたのか、遠交近攻策を採るかのように、越後とつながり、たすき掛けの勢力図が出来上がっていたのだ。

そして但馬、丹波（筆者はこれらをひっくるめてタニハと呼んでいる。以下、「タニハ」で統一する）は、内陸部の発展を促し、強い味方につけようと模索したようだ。近江に鉄や文物を流し、このおかげで、近江が急速に発展したようだ。また、そのおこぼれで、東海地方（その代表が「尾張」）も力を蓄えていったわけである。

もともと近江は日本のヘソで、日本海と瀬戸内海や東国を水路でつなぐ要衝だったのだ。その「潜在能力」が、タニハの気転によって発揮されるようになったのだろう。そして、前方後方墳が出現し、まず東日本に、この新たな埋葬文化が伝わっていったのである。

前方後円墳よりも先に前方後方墳が各地に広まっていた

問題は、前方後円墳よりも先に、前方後方墳が各地で選ばれていったことだ。植田文雄は、その様子をおおよそ次のようにまとめている。

（1）ヤマトと四国の一部を除く各地の首長墓が当初選択したのは、前方後円墳ではなく、主に前方後方墳であった。

（2）同一、隣接地域内で同規格や相似形の前方後方墳が築かれていることから、築造の法則や設計図が存在していたと思われる。

（3）前方後方墳の規模に大小があって、階層分化の様子がみてとれる。

（4）九〇〜一二〇メートル級の巨大前方後方墳が築造されていくようになった。

この植田文雄の指摘は、ほとんど無視されたままだが、これまでの歴史観を大きく覆す重要な意味を持っている。

邪馬台国畿内論者は、邪馬台国の卑弥呼が魏に向かって「南側の狗奴国《くなこく》が攻めてきた」と報告していたことを、「南ではなく東の敵」とみなし、畿内から見て東の近江や尾張を指しているのではないかと考えている。ちなみに畿内とは、大和、山《やま》背《しろ》(山城、山代)、河内、摂津の四ヵ国だ。なぜ「南の敵」と「魏志倭人伝」が書いているのに「東の勢力」と読み直さなければならないのかというと、「邪馬台国は北部九州の沿岸地帯から南の方角にあった」という「魏志倭人伝」の記事を、「東と読みかえればヤマトにつく」と解釈しているからだ。

しかし、筆者は邪馬台国畿内説を採らないから、狗奴国が近江や東海とは思わない。「魏志倭人伝」の朝鮮半島から北部九州沿岸地帯まで東西南北の記事は正確なのに、なぜ北部九州沿岸地帯から急に南を東に読み直さなければならないのか、理解できない。

そもそも、三世紀半ばに、畿内と東側の地域が争っていたという物的証拠は、どこにもない。くどいようだが、纏向遺跡には城柵や環濠がない。防衛本能が欠如した都市が、纏向なのだ。

ここで改めて強調しておきたいのは、前方後円墳よりも先に、前方後方墳が各地に伝播していったこと、しかも、東国を中心に前方後方墳が広まっていったこと、そしてこのあと、四世紀半ばになると、関東に今度は前方後円墳が築造されるようになり、近江や伊勢では、前方後方墳が消滅し、五世紀になると、濃尾でも前方後方墳は造られなくなる。前方後方墳と前方後円墳の競争と融合という図式が、読み取れないだろうか。

近江邪馬台国説の根拠となった伊勢遺跡

さらに、もうひとつ注目しておきたいのは、弥生時代を代表する伊勢遺跡のことだ。

近江を代表する霊山・三上山《みかみやま》の西側、滋賀県守山《もりやま》市と栗東《りっとう》市にまたがる微高地に、伊勢遺跡は広がっていた。とは言っても、ほとんど名を知られていないし、遺跡は跡形もなく埋め戻されている。けれども、弥生時代後期を代表する吉野《よしの》ケ里《り》に匹敵する巨大な弥生遺跡なのだ。

楕円形（東西約七〇〇メートル、南北約四五〇メートル、面積約三〇ヘクタール）の環濠集落で、南側に川が流れ、護岸工事が施され、琵琶湖と水路でつながっていた。

方形区画があって、その中に弥生時代の建物としては群を抜いた大きさの大型掘《ほっ》立柱《たてばしら》建物が一棟、そして、伊勢神宮とよく似た妻中央の外側に独立した棟持柱《むなもちばしら》を使った独立棟持柱建物三棟が、並んでいた。神明造《しんめいづくり》のルーツではないかと関心を集めている。

さらに、大型掘立柱建物十三棟がみつかっていて、その内の七棟は、直径二二〇メートルの円に沿って、中心に向かって配置されていた。おそらく、約一八メートルの間隔で三十棟が並んでいたのだと思われる。祭殿群と思われ、円の中に、楼閣や祭殿などの大型建物が建てられていた。

最先端の文物もみつかっている。たとえば、建物群の壁に日本最古のレンガ(磚《せん》。四〇センチ×三〇センチ×厚さ八センチ)が張り巡らされていた。最古の国産レンガは八世紀というかつての常識は、これで覆された。

「魏志倭人伝」には、当時の倭国では三十の国が分立していたと記されているために、伊勢遺跡が邪馬台国で、ここで会議が開かれていたのではないかとする説も飛び出している。また、弥生時代の終わりごろ、伊勢遺跡は衰退する。その時、近畿と東海の銅鐸が集められ、埋納された。これが有名な「野洲《やす》の銅鐸」で、「邪馬台国近江説」の証拠になるというのである。

後に触れるように、邪馬台国は北部九州にあったというのが筆者の持論だから、この考えに従うことはできない。ただし、纏向遺跡の時代に、伊勢遺跡は衰退しているのはなぜだろう。伊勢遺跡を支えていた勢力が、纏向に移った可能性はないだろうか。

問題は、伊勢遺跡の一帯を支配していた氏族「安直《やすのあたい》」が、ヤマト建国後、この地に留まり、かつての栄光を二度と取り戻せなかったこと、その代わり、近江出身の和邇《わに》氏が、奈良盆地の北東に進出し、拠点を設け、天皇家に后妃を出す氏族に成長していくのである。

このあたりの詳細な動向は、まだはっきりとわからないのだ。ただし、これだけは言えるだろう。これまで考えられてきた以上に、ヤマト建国に果たした近江や「東」の影響力が大きかったということだ。この「近江や東の活躍」を無視していては、ヤマト建国の本当の歴史は、再現できないのである。

鉄の流通を制限した北部九州

これまで、ヤマト建国といえば、北部九州、出雲、吉備、ヤマトの動向を中心に語られてきた。しかし、ここに「畿内の東側の動き」を加味しなければならないと思う。

そして、「意外に大きな力を持っていた東」を念頭においた上で、ヤマト建国の流れを再確認しておきたいのだ。なぜ、動乱の時代がやってきたのか。なぜ、その動乱が、ピタッと収まったのだろう。そしてなぜ、「この指止まれ」をするように、ヤマトの纏向に、多くの首長が集まってきたのだろう。ここに「古墳時代の到来」を知る手がかりが隠されているはずだ。そこで注目すべきは、鉄の流通である。

弥生時代の日本列島で最も栄えたのは、北部九州だった。朝鮮半島に近く、航路も確立され、しかも、勇猛果敢な縄文時代から活躍していた海の民が「南北市糴《してき》(朝鮮半島と北部九州を往き来しての交易)」をしていた。鉄器の保有量で、他地域を圧倒していたのだ。鉄器は武器になるだけではない。農具として普及すれば、生産効率は上がり、豊かになるのだ。鉄は地域を豊かにし、人口を増やし、武器に活用すれば、他地域を圧倒することができる。だから、鉄を手に入れた者は、鉄を独占する傾向にあった。

ヤマト建国直前の北部九州は、「ヤマトには鉄を渡したくない」と考えたようなのだ。理由は、おそらく「西日本の地政学」が大いにかかわっていると思う。

まず、いくら北部九州が発展しているからといって、日本列島に住んでいる人間は、誰もが富を求めて、交易がしたいと思っていたはずだ。だから、通り道である北部九州は、東側の勢力をブロックするか、東との共存の道を選ぶか、あるいは東側の勢力を滅ぼす必要がある。しかし、ヤマトの地形が、北部九州の頭痛の種だった。すでに述べたように、奈良盆地は西側からの攻撃に頗《すこぶ》る強い。だから、北部九州がヤマトから東の勢力を敵に回すと、手に負えなくなる。

もうひとつ、北部九州には弱点があった。それが、日田《ひた》盆地（大分県日田市）で、筑紫平野から狭い渓谷状の筑後川を遡《さかのぼ》った先の盆地で、東側からの攻撃に強かった。その逆に、日田から川を下れば、一気に筑紫平野のど真ん中に出られる。北部九州沿岸地帯の首長たちにすれば、日田をヤマトに取られれば、厄介なことになる。玄界灘と久留米方面から攻められれば、逃げ場を失う。

事実、纒向の時代、日田盆地の北側の高台に政治と宗教に特化した小迫辻原《おざこつじばる》遺跡が出現し、畿内と山陰の土器が出土している。要するに、日田はヤマトに奪われていたのだ。北部九州の人々にとって、恐れていた事態は起きていたのだ。

吉備の焦り

もちろん、彼らは手をこまねいて見ていたわけではなかったろう。すでに弥生時代後期に対策を練っていた可能性が高い。

こういう説がある。すなわち、北部九州が川のような幅の関門海峡を封鎖して、ヤマトに流れる鉄を封じこめたというのだ。そのために日本海側の出雲に鉄を回し、協力を求めたというのだ。そして、出雲は急速に発展し、同時に吉備にも鉄が流れはじめたという。

大いにあり得ることだし、出雲が北部九州とのつながりが深かったことも事実だ。

ではなぜ、この北部九州の目論見が崩れていくのだろう。鍵を握っていたのが、先に述べた「タニハ」だと思う。

すでに触れたように、日本海の主導権争いが勃発していて、出雲はタニハを越えて、越《こし》に四隅突出型墳丘墓を伝えて、タニハを挟み撃ちにした。かたやタニハはさらにその向こう側と手を組んだ。それだけならまだしも、タニハは、朝鮮半島と直接つながるルートを確保したようで、出雲＋北部九州連合に対抗すべく、近江や東海に、先進の文物を流しはじめたのだ。そして近江や東海は力をつけ、前方後方墳を創り上げ、タニハの加勢を得て、「東側からヤマトを狙う」行動に出たのだろう。この組み合わせを、「タニハ連合」と呼んでおこう。

慌てたのは、吉備ではなかったか。

ヤマトを「東の勢力」が埋め尽くせば、北部九州寄りの吉備は、東西対立の最前線に立たされてしまう。もし北部九州に、「ヤマトを討て」と命令されれば、天然の要害を相手に、体力を消耗させられるだろう。

吉備にとって最善の策は何か……。吉備が優勢に立つには、瀬戸内海の航路が自由に往来できればよいのだ。北部九州の言いなりになっていれば、せっかくの地の利を活かすことはできない。

ちなみに、瀬戸内海が流通の大動脈に発展していくのは、外海に出る場所が、どこも狭く、しかも内海は多島海だったことから（海底の地形が複雑）潮の満ち引きが激しく潮の流れが早かったからだ。初めて迷い込んだ人には、危険きわまりない水域だが、潮の流れを熟知していれば、漕がずに、自在に船を操ることが可能だったのだ。吉備の宝は、この東西を結ぶ海のハイウェイである。

そこで吉備は、どこよりも早くヤマトに乗り込み、東の勢力と手を組み、北部九州連合から離脱したのではなかったか。そして、タニハ連合と共に、出雲を説得し、さらに北部九州の出方を見守ったのだろう。

物部氏の祖のニギハヤヒが天磐船に乗ってヤマトに舞い下り、「先住の長髄彦の妹を娶った」という話、吉備とタニハ連合の合併とみなすことが可能だ。拙著『神武東征とヤマト建国の謎』の中で述べたように、長髄彦は尾張系の人物であろう。問題はここからあとだ。

神功皇后は邪馬台国と同時代人？

この話は、筆者独自の推理なのだが、すでに他の拙著の中で述べてきたことなので、結論だけ触れておく。

まず、通説は初代神武天皇と第十代崇神天皇は同一人物で、ヤマトの初代王と考える。筆者は、崇神天皇はニギハヤヒ、初代神武天皇と第十五代応神天皇は崇神天皇（ニギハヤヒ）のあとにヤマトに乗り込んだ同一人物と考える。『日本書紀』は、応神天皇の母・神功皇后の時代に「魏志倭人伝」の邪馬台国にまつわる記事を引用している。これは、「神功皇后が卑弥呼か台与《とよ》だった」と言っていることになる。

もちろん、通説はこの記事を信用していない。「干支二巡繰り上げてしまっている」といっている。すなわち、三世紀半ばではなく、百二十年後なのに、間違って邪馬台国記事をここに挿入してしまったと考える。

しかし、神功皇后は、いたる場面で「トヨ」の女神と接点を持ち、しかも、邪馬台国北部九州説の最有力候補地＝山門県《やまとのあがた》（福岡県みやま市）の女首長を殺している。筆者はこれを、ヤマト（大和）のトヨ（神功皇后）による、邪馬台国（山門県）の女首長（卑弥呼）殺しとみる。

神功皇后の行動も、理に適《かな》っている。

神功皇后は、角鹿《つぬが》（福井県敦賀《つるが》市）から西に向かって、穴門豊浦宮《あなとのとゆらのみや》（山口県下関市）に仲哀《ちゅうあい》天皇と宮を建てる。ここで海神《わたつみ》から潮満瓊《しおみちのたま》と潮涸瓊《しおひのたま》を得るのだが、神功皇后はここに、五年数カ月滞在する。この長逗留はなんだ？

仲哀八年正月、筑紫に向かおうとする一行の前に、北部九州沿岸部の首長たちが、こぞって恭順してきた。周芳《すわ》（周防《すおう》。山口県防府《ほうふ》市）に、神功皇后らの一行を出迎えたのだ。神宝を捧げ、軍門に下った。神功皇后らは、橿日宮《かしひのみや》（福岡市）に拠点を移した。

このあと仲哀天皇は神のいいつけを守らなかったため急死した。神功皇后は意に介さず南下し、山門県の女首長を打ち滅ぼし反転、新羅《しらぎ》征討に向かった。神の力添えを得て、わけなく新羅を圧倒すると、神功皇后は北部九州に舞い戻り、応神を生み落とす。

『日本書紀』に従えば、神功皇后一行はこのあと瀬戸内海を東に向かい、皇位継承問題で対立する政敵を蹴散らしたと記録するが、これは本当だろうか。

ここで、すこし邪馬台国論争について、説明しておかなければならない。

ミイラ取りがミイラになった神功皇后（台与）

なぜ、邪馬台国の所在地は、いつまでたっても特定できないのだろう。それは、「魏志倭人伝」の記事をそのまま辿ると、北部九州からどんどん南に進み、太平洋まで突き抜けてしまうからだ。これを、どう解釈すれば日本列島におさまるのか、侃々諤々《かんかんがくがく》の議論が、くり広げられてきたのだ。

邪馬台国論争は百年以上にもわたって戦わされてきたが、すでに江戸時代に、おおまかな決着はついていたように思う。国学者・本居宣長《もとおりのりなが》の「偽僭論《ぎせんろん》」である。

本居宣長は、九州の女酋《じょしゅう》が「われわれがヤマト」と偽り魏に報告し、親魏倭王《しんぎわおう》の称号を獲得してしまったと推理した。つまり、「魏志倭人伝」に書かれている邪馬台国は、本物の「畿内のヤマト」ではない、と推理したのだ。これが正解である（結論だけ言ってしまっている）。

纏向のヤマトにタニハ連合が拠点作りをはじめようとしただけで、吉備は震え上がり、北部九州を裏切った。そして、出雲も纏向に馳せ参じたのだ。北部九州の首長連合は、対抗策として、外交戦で優位に立とうとしたのだろう。親魏倭王の称号を獲得してしまえば、ヤマトも無闇に攻めてこられないだろう……。これが卑弥呼の邪馬台国の目論見だった。しかも邪馬台国は、玄界灘から攻撃されても日田から攻められても、身を守るために、防衛の要・高良山《こうらさん》（福岡県久留米市）の裏側（山門県《やまとのあがた》）に陣取ったのだ。

しかし、神功皇后らは、穴門豊浦宮《あなとのとゆらのみや》から切りくずし工作を始め、北部九州沿岸部の首長たちを籠絡《ろうらく》してしまった。そして橿日宮《かしひのみや》に拠点を移すと、一気に邪馬台国の卑弥呼を殺してしまったのだ。『日本書紀』に記された「山門の女首長を神功皇后が討った」という説話がこれだ。

問題はこのあとで、「魏志倭人伝」によれば、卑弥呼の死後、宗女《そうじょ》（一族の女）

台与《とよ》が王に立てられたと記録されている。これはどういうことだろう。

神功皇后は、邪馬台国の卑弥呼を討ち滅ぼしたが、正直に魏に報告することはできない。そこで、神功皇后が「卑弥呼の一族の女性」と名乗って、「新たな邪馬台国の女王」に立ったのだろう。こうすれば、親魏倭王の称号を継承できる。神功皇后はいたる場面で「トヨ（豊）の女神」と接点を持ち、「トヨの宮」で暮らしていた。神功皇后は「トヨの一族」であった。

成り行き上、神功皇后（トヨ）が即位したが、これはミイラ取りがミイラになったようなもので、神功皇后を派遣したヤマトにとっても、誤算だっただろう。

神功皇后は角鹿《つぬが》から出雲経由で西に向かっていた。また、神功皇后は「気長足《おきながたらし》姫尊《ひめのみこと》」で、近江の豪族「息長氏《おきながし》」の名を負っている。おそらく神功皇后は、近江やタニハを代表する女性だったのだろう。

ここに、神功皇后の悲劇の原因が隠されていた。ヤマトと神功皇后の間に生まれた疑心暗鬼は、やがて「瀬戸内海と日本海」を二分する戦いに発展していったように思えてならない。

ヤマト建国後の主導権争いだ。

敗れた者が王に立てられた

出雲の国譲り神話で、出雲いじめに走ったのは、経津主神と武甕槌神で、彼らは吉備（物部）系と尾張系の神だった。これは、東海↓吉備へと続く瀬戸内海ラインと、日本海勢力の主導権争いであろう。出雲はもともと北部九州とは強く結ばれていたから、北部九州は、一度は敗れたものの、神功皇后を担ぎ挙げ、出雲と共に、ヤマトと戦うことになっていったのだと思う。そして、神話の中で出雲は敗れてしまう……。

ところで上山春平《うえやましゅんぺい》は、天皇家の祖神と出雲神は、鏡に映した表と裏で、一度二つに分かれた系譜は、やがて神武天皇の場面でふたたび一本に戻ると指摘した（『続・神々の体系』中公新書）。ではなぜ『日本書紀』はそんな面倒な神統譜《しんとうふ》を形成したかといえば、上山春平は神話の中に七世紀の律令《りつりよう》制の新しい原理と古い氏姓《しせい》制の原理が投影されたという。すなわち出雲の国譲りは、大化改新（六四六）によって氏姓制が律令制原理に克服されたことを説話化したというのだ。

この考えは、荒神谷《こうじんだに》遺跡の発見よりもはるかに前の、「出雲など絵空事」と言われていた時代の発想だから、推理も十分ではない。出雲は実際にそこにあって、しかもヤマト建国後に衰退していたとなると、この奇妙な神統譜を、別の推理で読み解かなければならない。

筆者は、『日本書紀』の言う「出雲」とは、神功皇后を後押ししていた日本海の諸勢力の隠語だと思う。そして、経津主神と武甕槌神に出雲が敗れたということは、神功皇后がヤマトに裏切られたことを暗示しているのだと思う。

ならば、神功皇后は滅亡して消えてしまったのだろうか。そうではなく、南部九州に落ち延び、ここで零落し、ヤマトを呪っていったのではなかったか。これが天孫降臨神話の裏側であろう。つまり、天孫降臨とは出雲（日本海連合）の貴種の零落だったのだ。

そして、なぜ崇神天皇（ニギハヤヒ）が出雲神・大物主神の祟りにおびえ、大物主神の子の大田田根子《おおたたねこ》を探しだし、ヤマトに連れてきて、大物主神を祀らせたのかといえば、

「南部九州に落ち延びた出雲の貴種（神功皇后の子や子孫）をヤマトに呼び寄せ、祭司王に立てた」

からだろう。

大物主神が祀られる三輪山の山頂には、高宮《こうのみや》神社が祀られていて、祭神は日向《ひむかの》御子《みこ》だ。三輪山が太陽信仰の山だから「日に向かう神」なのだと一般には考えられているが、それなら「日向神《ひむかのかみ》」と呼べばよいのに、「御子」の名を与えたのは、引っかかる。「御子」は童子で、童子は祟る鬼だからだ。ここは素直に、「日向からやってきた恐ろしい鬼」を祀っていると考えたい。

すなわち、出雲の恐ろしい祟る大物主神を調伏《ちょうぶく》できるのは、日向から連れてきた御子で、鬼のように恐ろしい人でなければならなかったはずだ……。

なぜこのようなヤマト建国の歴史にここまでこだわったかというと、前方後円墳が長く続いた理由は、このような複雑なヤマト建国前後の歴史が隠されていたからだと思っているからだ。

そしてここに、戦争に勝った物部氏が祟りに悩まされ、だから敗れた者が王に立てられた事情が隠されていたのだ。古墳の祭祀を考える上で、この歴史を無視することはできないのである。

第四章
前方後円墳と太陽信仰

棚ぼた式の安定がもたらされたヤマト

なぜ前方後円墳体制（古墳時代）は、三百年以上も続いたのか。その理由は、複雑なヤマト建国に隠されていたと思う。

ヤマト建国は二度あった。

第一回は、北部九州のヤマトいじめ、その延長線上の出雲と吉備の発展。そして、タニハと出雲の対立から生まれた、ヒョウタンから駒の図式。すなわち、タニハが先進の文物を内陸部に送り込み、尾張と近江が成長しヤマト盆地進出を図り、結局吉備と出雲も纏向に参加せざるを得なかった……。これが最初のヤマト建国だ。

しかし、神功皇后（台与《とよ》）が邪馬台国を潰しに行ったあと、ヤマトと北部九州の二極化がはじまり、日本海と瀬戸内海（物部）＋東海（尾張）の主導権争いが勃発し、日本海は敗北したのだ。こうして神功皇后らは、南部九州（日向）に逼塞《ひっそく》した。

ただし、ヤマトではこのあと疫病の蔓延で人口が半減するという事態が出来した。「神功皇后や出雲の祟り」と感じとった崇神天皇（ニギハヤヒ）は、南部九州から神功皇后の子（あるいは末裔）の神日本磐余彦《かむやまといわれびこ》（神武天皇）を呼び寄せ、祭司王に担ぎ上げたのだった。これが、第二の建国である。

実権を握っているのは、物部氏を中心とする豪族（首長）層で、王は祭祀に専念するというヤマトの枠組みが、こうして完成したのだ。

この場合、ヤマトの王（のちの大王、天皇）は、神を祀る存在であると同時に、神そのものだった。津田左右吉《つだそうきち》に言わせれば、天皇個人が神だったわけではないということになるが、天皇の祖は南部九州に逼塞し、ヤマトを呪った恐ろしい鬼（神）であり、だからこそ、神を祀ることができたのだ。

また、「政治と宗教をはっきりと分けた」ことによって、前方後円墳体制は長続きしたのだろう。これは、偶然の産物だったが、古代日本にとっては、棚ぼた式の安定が、手に入ったわけである。

天皇が祭司王だったことを、『日本書紀』は暗示を込めて神話の中で語っているように思えてならない。

それは、神代下第九段一書第二の一場面だ。国譲りになかなか応じない大己貴《おおあなむち》神《のかみ》に、高皇産霊尊《たかみむすひのみこと》は、次のように言う。

「おまえが治めている現世の顕露之事《あらわなること》（政事《まつりごと》）は、私の末裔（皇孫）が治める。お前は神事《かくれたること》（幽界の神事）を司れ。また、お前が住むべき天日隅宮《あまのひすみのみや》（天上界の日神の宮）は、今造ってやろう。すなわち、千尋《ちひろ》の栲縄《たくなわ》（長い綱）を用いて結び百八十《ももやそ》紐《むすび》に造り、柱は高く太く、板は広く厚くしよう」

これは、杵築大社《きづきのおおやしろ》（出雲大社）の創建にまつわる話でもある。ここで高皇産霊尊は、大己貴神に向かって、「おまえは神事を司れ」「政治に口出しするな」といっている。図式的には、天皇家の祖が出雲神に言い渡したことになっているが、「出雲神は天皇家そのもの」と考えれば、この神話、「天皇の立場を出雲神に置き換えて語っていた」としか思えないのである。

民のため国のため土地を手放した物部氏

前方後円墳の原型は吉備で造られた。そして吉備出身の物部氏は瀬戸内海を支配するだけでなく、「先を見通す眼力」を備えていて、朝鮮半島の百済《くだら》に役人を送り込み（物部系の高級官僚が百済に出現している）、信濃や関東で、馬の飼育をはじめたのだろう。物部氏が盤石な体制を敷いたことで、前方後円墳の寿命は延びたのだと思う。

ただ、流動化していた東アジアで、中国に隋や唐という統一国家が生まれたことで、六世紀に、倭国も変革を促されたのだ。中央集権国家造りは、五世紀後半から始まっていたが、「明文法をつくり、土地を国家が管理する」という律令制度の導入が急がれたのだろう。もはや、巨大な前方後円墳を造っている場合ではない。

普通なら物部氏は守旧派にまわり、巨大な抵抗勢力になっていたはずだ。しかし、急速に力をつけ、改革に邁進《まいしん》する蘇我氏と婚姻関係を結び、広大な領土と民を手放すことに同意したようだ。

蘇我色の強い法隆寺（奈良県生駒郡斑鳩町《いかるが》）に安置された玉虫厨子《たまむしのずし》に描かれた「捨身飼虎図《しゃしんしこず》」の「我が身を犠牲にした釈迦の前世の物語」は、聖徳太子や山背大兄王《やましろのおおえのみこ》に重ねられて語られることが多い。だが法隆寺の土地がもともと物部系のものだったことを考えると、実際には、「国と民の未来のために、私欲を捨て土地を手放した物部氏を礼讃している」のではないだろうか。

ちなみに、このの ち律令制度の欠陥を自家に都合の良いように悪用し、本来私有を認められなかった各地の土地を貪欲に我が物にしていったのは、藤原氏だ。

律令は、物部氏や蘇我氏が準備し、藤原不比等が完成させ、藤原不比等の末裔が法を悪用し、国家の富を吸い取っていった。国家運営が藤原氏の財からまかなわれるという異常な社会がやってくる。藤原氏が物部氏から、土地を受け継いだようなものだが、「志の差」が、民を不幸にしたのだ。平安時代とは、そういう暗黒の時代でもあった。やがて武士が台頭し、藤原氏だけが美味しい思いをする時代は終わりを告げる。

祖神を祀るという日本的な風習

ここまで分かったところで、前方後円墳とはなんだったのか、何を目的に造られたのかを、改めて考えてみたいのだ。

日本人は昔から、御先祖様を大切にしてきた。毎年お盆の季節になると、祖先の霊がもどってくると信じ、丁重に出迎え、また、送っていた（精霊の送り迎え）。

「お盆」は仏教行事と信じている人も少なくないが、これは日本的な信仰にほかならない。たとえば、墓石に水を手向け、祖霊に水をすすめるのは、仏教とはまったく関係のない話だ。

柳田国男《やなぎたくにお》は「先祖の話」（『柳田國男全集 13』ちくま文庫）の中で、お盆と正月も、よく似ていると考えた。初春に家々を訪ね歩いたという「年の神」を、商家では福の神、農家では御田《おた》の神と信じているが、実際には祖先の霊にほかならないと指摘している。

古くからの魂祭作法の一部分は、差支えのない限りはこれを一般の新年行事の中へ、織り込んだかと思われる形跡がかなり多いのである。

と言い、お盆やお墓参りで「水」が重視されるのも、日本人の伝統的な風習だというのだ。

先祖の祭に水を侑《すす》めるのも、これがあなたの産湯の日から、生涯飲んでおられた水でござるということが、大きな款待《もてなし》の一つになっていたらしいのである。（前掲書）

とても、興味深い指摘である。

ならば前方後円墳も、祖霊を祀る場だったのだろうか。前方後円墳と水の祭祀が強くつながっていたことは、すでに述べてある。ただ祀るだけではなかったようなのだ。

近藤義郎は、前方後円墳でも、首長霊を祀り、また首長霊継承儀礼を執り行っていたと推理し（『前方後円墳の時代』岩波書店）、この考えが広く支持されている。

たとえば白石太一郎は、古墳が巨大なのは、ただ単に埋葬するだけが目的ではなく、首長霊の継承儀礼を行う場だったこと、古墳時代中葉には、「黄泉国《よみのくに》」のイデオロギーと、横穴式石室の受容によって、死後の世界を穢らわしく感じる来世観の影響があって、古墳の上で執り行われていた様々な儀式は、やがて殯宮《もがりのみや》や大嘗《だいじょう》祭《さい》に分化していったことを指摘した上で、次のように述べている。

古墳への埋葬儀礼が収穫祭と関係していたらしいこと、またそれがとりもなおさず首長霊の継承儀礼でもあったことを示唆している。（『日本神話と考古学』「講座日本の神話」編集部編　有精堂出版）

これが、ほぼ通説になった推理だ。ただし、違う見方もある。先にご登場願った広瀬和雄は興味深い意見を述べている。

前代の首長霊が新しい首長に引き継がれたならば、死した首長の肉体は抜け殻になってしまいます。霊魂の抜けた「もぬけの殻」に、各種財を副葬する意味はなにか。その説明が必要（『前方後円墳の世界』岩波新書）

とする。古墳には、威信財、権力財、生産財が副葬され、亡くなった首長の霊を新しい首長が継承したのではなく、亡くなって神になった首長に、もう一働きしてもらいたいと願ったというわけだ。

しかし、出雲国造が、太古の祭司王の役割を、今に伝えているように思えてならない。

杵築（出雲大社）の出雲国造が危篤状態になったときの話が、興味深い。すぐさま意宇《おう》（出雲国造の本当の根城はこちらだった）の神魂《かもす》神社に使者が遣わされ、「神火相続《おひつぎ》」の準備が始まる。杵築では、出雲国造が亡くなっても公表しないで、普段どおりの生活を出雲国造にさせる。衣冠《いかん》を整え、座らせ、食膳が供せられる。出雲国造は死んでも死なないからだ（理由はこのあと）。

その間、嫡子は裏門から飛び出し、意宇に向かう（四〇キロ）。意宇で代々伝わる「火鑽臼《ひきりうす》」と「火鑽杵《ひきりぎね》」を携えて熊野大社（島根県松江市八雲町）の鑽火殿《さんかでん》で火をおこす。これが「神火《しんか》」「別火《べっか》」で、国造館《こくそうかん》内の斎火殿《おひどころ》で守られていく。新しい

神魂神社（島根県松江市）

国造は、この火で造った料理（斎《さい》食《しょく》）しか食べない。火を継承し、斎食を食べて、新たな国造の誕生にもなる。

なぜ、出雲国造は「火」を重視するのかというと、神火を継承することによって祖神の天《あまの》穂《ほ》日命《ひのみこと》の霊を継承するのだという。これを「火《ひ》継《つぎ》」といい、出雲国造は代々天穂日命であり、天穂日命として大国主神に奉祀し、祭儀の上では大国主神そのものにもなるのだという（『出雲大社』千家尊統《せんげたかむね》　学生社）。

つまり、出雲国造は肉体は滅びても、「霊は継承される」から、死なないのだ。

さらに、折口信夫が指摘したように、大嘗祭で天皇が禁中《きんちゅう》に設けられた悠紀《ゆき》殿《でん》・主基殿《すきでん》の寝所に籠もり、茵《しとね》と衾《ふすま》が用意され、物忌《ものいみ》をする。これは、神話の中で天津彦彦火瓊瓊杵尊が真床覆衾《まどこおうふすま》にくるまれ降臨する様子とよく似ているという。ここで、新しく不変の魂（天皇霊）が天子に入るという。この場合は「日嗣《ひつぎ》（日継）」で、出雲国造の「火継」と、裏表の関係になっていることに気付かされる。

では、「古墳に埋葬されてもぬけの殻になった首長霊を、どうして祀るのか」という広瀬和雄の問い掛けに、どう答えればよいのだろう。

こういうことではなかったか……。出雲国造の場合、先代が亡くなり、新国造が継承するのは、祖神の天穂日命の霊であり、天穂日命になった新国造はまた、天穂日命が祀ってきた大国主神そのものにもなる。この場合、新国造が継承するのは、先代の霊ではなくあくまで祖霊だ（ここがややこしいところだが、原理は単純だ）。新国造の体に最初から宿っていた霊に、天穂日命の霊が重なっていくと考えるとわかりやすい。つまり、先代の亡骸から祖霊は離れたが、先代の霊は別に存在し、古墳に招き寄せ祀ることにしたのだろう。古代の首長やヤマトの王にも、この図式があてはまるはずだ。

古墳は恐ろしい場所という発想

古墳は、首長霊が継承された祭祀の場であったが、葬られた者の霊も意識されていたのだろう。だからいつの間にか、場所によっては恐れられるようにもなった。現代社会でも、墓を暴けば、「何か恐ろしい目に遭うのではないか」と、感じてしまうものだ。道路の事故多発地帯が墓のあとだったと知れば、「やはり」と、みなうなずき合うのである。

古代人も、できれば古墳に触れたくないと考えていたようだ。

『続日本後紀《しょくにほんこうき》』承和《じょうわ》八年（八四一）五月条には、神功皇后の山陵（五社神《ごさし》古墳。奈良市。佐紀盾列《さきたたなみ》古墳群の一つ。全長二七五メートルの前方後円墳）にまつわる次の説話（宣命《せんみょう》）が載る。

三日と十二日に二つの宣命が発せられた。最初は、天変地異と干魃《かんばつ》、兵乱、物怪《もののけ》から守ってほしいという祈願で、次に出されたのは、「このところ雨が降らなかったのは、もしや祟りではないかと占ってみたところ、山陵に奉ったと信じていた貢物が、実際には奉納されていなかったと判った」といい、だから、以後、過ちはくり返さないので、「どうか祟らないでほしい」という内容だ。

九世紀の政権にとっても、神功皇后は恐れられ、手篤く祀っていたのだろう。

さらに承和十年（八四三）三月には、山陵の木を伐採したため、山陵が鳴動したとある。やはり、神功皇后は恐ろしい存在だったのだ。

律令に対する私的注釈書『令集解《りょうのしゅうげ》』の巻四十「喪葬令《そうそうりょう》」には、雄略天皇が崩御した時、七日七夜御饌《みけ》を奉らなかったため、雄略天皇が祟った（あらびた）という。

その一方で、政権側の都合で、粗末に扱われた古墳も存在した。古墳に埋葬されたからといって、永遠に「神のような存在」として尊重してもらえたわけではなかったのだ。どんなに偉大な人物だったとしても、みなの記憶から消えていけば、掘り返されることもあったようだ。

八世紀初頭の平城京造営で、いくつかの古墳が破壊されている。ただし、良心の呵責があったようで、『続日本紀《しょくにほんぎ》』和銅《わどう》二年（七〇九）十月十一日条に、次の勅（天皇の命令）がある。

「造平城京司《ぞうへいじょうきょうし》（平城京造営の責任者）は、もし墳墓を暴き、掘るのならば、すぐに移葬し、（遺骸や副葬品を）捨ててはならない。酒を地に注ぎ祀り、幽魂《ゆうこん》（死者の魂)を慰めるように」

さらに、宝亀《ほうき》十一年(七八〇)十二月四日条には、次の勅が載る。

「寺を造るに際し、墳墓を壊すだけではなく、その石を取り、寺の造営に用いているると聞いている。ただ、鬼神《きじん》(死者の霊)を驚かすだけではなく、末代まで憂いを残す。今からのち、これを禁じる」

墓を暴けば恐ろしい目に遭うという発想は、たしかに存在したのだろうが、背に腹はかえられないという輩も、中にはいたのである。

遺体を壊していたのは復讐だった?

ところで笹生《さそう》衛《まもる》は『神と死者の考古学』(吉川弘文館)の中で、五世紀後半から六世紀ごろにかけて、横穴式石室や横穴墓内で、遺体や遺骨をわざわざ毀損《きそん》し移動することが起きていたことに関して、次のように述べている。

特別な人物「祖」とその遺体は、一体のものと理解され、それは国や地域を守護すると同時に、不適切な対応があれば祟るという、神と同じ霊威の強い存在と考えられていた。だからこそ、古墳の遺体は、周囲からの悪い影響が及び祟りが発生しないよう厳重に密閉され、周囲から区画・遮蔽されたのだ。そして、場合によっては遺体の強い霊威を恐れ、これを抑えるため遺体そのものの毀損が行われたのではないだろうか。

古墳に偉大で霊威の強い「祖」を葬り、これを祀ったというのは、そのとおりだろう。しかし、遺体の毀損に関しては、同意できない。むしろ、「復讐」を考える必要はないだろうか。

五世紀後半から六世紀というのは、ヤマト朝廷の混乱期だ。雄略天皇の出現と王統の混乱があった。この中でいくつもの葛藤が生まれ、政争が勃発していたのだ。恨み恨まれる事態はいくつも生まれていた。

たとえば、次の例がある。

顕宗《けんぞう》二年秋八月、第二十三代顕宗天皇は、皇太子である兄の億計《おけ》に次のように語られた。

「われらが父は、罪なくして雄略天皇に殺されました。屍は野原に棄てられ、今になっても骨を納められずにいます。憤りと嘆きで、胸がいっぱいです。寝ても覚めても、泣きはらし、この恥辱を雪《そそ》ぎたいと思っています」

そして、雄略天皇の陵を破壊し、骨を砕き、棄てて、報復すれば、親孝行になるというのである。

これを聞いた億計は、嘆き悲しみ、天皇を諌《いさ》めた。内容は、以下の通り。

雄略天皇の統治に、人々は喜んで従っていて、一方われらが父親は皇位を継承しておらず、二人の身分の差は明らかなこと、それなのに陵墓を壊せば、誰に仕えてよいのか、分からなくなってしまう。われわれ兄弟を探し出してヤマトに連れてきてくれた清寧《せいねい》天皇は、雄略天皇の子であり、この恩に報いなければ、世間を裏切ることになる、というのだ。すると天皇は改心したのである。

顕宗天皇は陵墓の破壊を思いとどまったとあるが、政敵を恨み、墓を暴くという行為は、実際には頻繁に行われていたのではないか。特に、政争の激しかった五世紀後半から六世紀に遺骨の毀損が多く見られるのはそのためだろう。

明日香《あすか》（奈良県高市郡《たかいちぐん》）の石舞台《いしぶたい》古墳は蘇我馬子の墓と考えられているが、その封土《ふうど》がまったくないのは、おそらく政敵（具体的には藤原氏）の手で、執念をもって破壊されたからだろう。当時の版築《はんちく》工法がいかに強固なものだったかは、ほとんどの古墳が千年以上もほぼ原形を留めていることからも明らかだ。ただし、畿内を

石舞台古墳（奈良県高市郡明日香村）

震源とするマグニチュード八クラスの巨大地震によって、地滑りを起こした前方後円墳は、いくつか確認されている（『天皇陵の謎を追う』矢澤高太郎　中公文庫）。その代表例が大仙陵古墳（仁徳天皇陵。大阪府堺市）だ。けれども、なんとか、前方後円墳の姿は保たれている。

明日香には、このほかに鬼の雪隠《せっちん》や鬼の俎《まないた》と呼ばれる石造物があって、石室が露出し、逆さまに転がっている例がある。これも、壊されたのだろう。

墓を暴いて遺骸をさらに痛めつけるという行為は、「恐ろしい祟りを鎮めるため」ではなく、「死人が憎くて仕方なかったから」と考える方が自然なのではなかろうか。遺骸を毀損することで祟りがおさまると信じられていたのなら、すでに三世紀から、同様の事例がみつかっているはずではないか。

天皇陵を暴かないと古代史は解けない？

さて、古墳の謎解きは、日々進歩している。しかしだからといって、すべての謎が解けたわけではないし、戦後の史学界には、古代史解明の障害となる構造的な問題が隠されていた。天皇陵のことも一言触れておきたいから、どうしてもこの話題を避けて通れないのだ。

『前方後円墳国家』の中で広瀬和雄は、興味深い指摘をしている。「階級支配のための機構が国家である」という戦後知識人を呪縛してきた唯物史観から脱却することが必要だと言うのだ。

悪である国家は死滅させなければならないとの政治課題が、程度の差こそあれ横たわっていたが、それは大方の戦後知識人の思いでもあった。しかしながら、いまやそういった既往のパラダイムと現代の生活感覚に大きな乖離《かいり》が生じてしまっている。

多くの方は、「何を大袈裟な」と、思われるかもしれない。しかし、史学界や考古学界の大御所の多くは、唯物史観を前面に打ち出していたのだ。筆者も、かつてはその弊害に辟易《へきえき》していた。「天皇制をなくすために、考古学をしている」と、話しかけてきた考古学者（存命）に、仰天した記憶が生生しい。

とある地方では、唯物史観の考古学者が学会を支配し、その方が亡くなるまで、発言も制限され、自由な活動もできなかったという。

ようやく、その「史学界や考古学界のこれまでの実態を公にできる」時代になってきたわけだ。

なぜこのようなことを唐突に言いだしたのかといえば、ひとつの理由に「天皇陵を暴かなければ、古代史の謎は解けない」と考える学者が少なからず存在していること、これまでの史学界、考古学界が、意外にも、「科学的といいながら、イデオロギー的な偏った発想」に支配されていたことを、知っておいてほしかったからだ。天皇制に批判的な人たちが「市民の立場で（中略）歪曲された歴史観を排除しよう」（『天皇陵を発掘せよ』藤田友治　三一新書）と、「善良な市民」を装い、天皇陵を発掘しようとしている。これでは冷静な判断はできないはずだ。天皇制の「非」を証明するために天皇陵を暴きたいだけなのだ。

こんな事件もあった。平成三年（一九九一）十二月に、宮内庁が陵墓参考地に治《じ》定《じょう》していた奈良県最大の前方後円墳・見瀬丸山古墳《みせまるやま》（丸山古墳。奈良県橿原市）石室内部の写真がスクープ映像となり、テレビ朝日のニュースステーションで放映されたのだ。

近くの子供が探検ごっこをしていて、「変な穴」に迷い込み、「奥に人の顔が見えた」というので、父親（会社員）が、よその子が入ったりして万が一のことがあってはいけないと、コンパクトカメラをもって中（横穴式石室羨道《せんどう》）に入ったのだ。会社員は、腰のベルトにカメラを固定し、フィルムがなくなるまでシャッターを切ったという（計三十二枚）。ちなみに、これは違法行為で、盗撮と糾弾されてもおかしくはなかった。

写真は奈良国立文化財研究所によってハイテク技術を駆使して画像処理、分析され、石室の長さがそれまでは二六メートルと推定されていたが、三三メートルだったことが判明したというのだ（『歴史読本』一九九二年六月号　牟田口章人）。

発表した考古学者が、権威ある人だったから、放送直後から、波紋を投げかけた。

奈良の見瀬丸山古墳に偶然子供が入った。〝裸の王様〟を見抜く純粋な目があった。世間は〝アッ〟と驚いた。(前掲『天皇陵を発掘せよ』)

と、トンチンカンな礼讃をする者も現れたが、これは確信犯の仕業ではないかと、冷ややかな見方も多かった。会社員は、腰の高さにカメラを固定したというが、手際がよすぎたのだ。素人のやり方ではない。会社員の場合、腰の高さは地面から九二センチで、三脚を使ったのと同じように、計算ができた。黒幕がいて、入れ知恵したようだ。

ただし、このあと、思わぬどんでん返しが待っていた。宮内庁が反撃に出たのである。石室内部の詳細なデータを公表してしまった。その結果、件《くだん》の写真から類推した数値が、まったくデタラメだったことが露呈してしまったのだ。赤っ恥を掻いたのは、「権威ある考古学者」たちだった(もちろん、その他大勢の考古学者は批判的だったが)。

ピラミッドは太陽信仰と関わりが深い？

天皇陵を発掘しろと、鬼の首を捕ったかのように叫ぶ必要はない。天皇陵を発掘する前に、やるべきことがあるはずだ。イデオロギーの色眼鏡をかけて天皇陵を発掘することの愚かさを、知ってほしい。それよりも、今ある資料と材料で、何が分かるのか。視点を変え、これまでの常識にとらわれず、柔軟に発想することで、多くの謎が解けてくると思う。

たとえば、エジプトのピラミッドも、新たな謎がいくつも浮かび上がり、かつての常識は通用しなくなっている。そして新たな発想がいくつも芽生えている。

最大の謎は、「ピラミッドの玄室の中に、存在するはずのミイラ（遺体）がない」ということなのだ。これまで、百基以上のピラミッドが発掘されているが、ひとつもみつかっていない。第五王朝以降には、「王の死後の安寧」を願った呪文が玄室の入口に書きこまれていた（ピラミッド・テキスト）。それにもかかわらず、なぜかミイラがないのである。

「盗掘説」もあるが、すべてのピラミッドからみつからないというのはどうしたことか。一九五〇年代には、古代に封印された石の棺を開けてみたが、何も入っていなかったという。ひとりの王が複数のピラミッドを造ることもあった。ピラミッドは巨大な王の墓というわれわれの常識も、覆される可能性がある。

古代エジプト人の死生観は、古代の日本人と近い。死後も、永遠の命が与えられ、今と同じような生活ができると信じられていた。だから、墓に供え物をすることは大切で、子孫が絶えることは、死者にとって不幸なことだった。そして、魂はいつか復活するのだから、その容れ物のミイラを造ったわけである。

ならばなぜ、ピラミッドにミイラはないのか……。

エジプト考古学者・吉村作治《よしむらさくじ》は、ピラミッドについて太陽神（ラー）の陰陽の霊を合体させるための装置と指摘している。というのも、ピラミッドは太陽信仰と密接な関係にあったからだ。

三大ピラミッドの角度は、五二度近くあり、かなりの勾配だ。なぜ、この角度が必要だったのだろう。

ピラミッドは、東西南北の方位を意識して造られている。底辺のそれぞれが、正確に東西、南北のラインを形成している。そうすると、太陽が真南に来る正午、北側の斜面は、夏に日がさし、冬は日がささない。問題は、その境目がいつなのかだ。

藤芳義男《ふじよしよしお》は『巨石文化と太陽暦の謎』(新國民社)の中で、これを計算し(太陽の高度=九〇度−緯度−赤緯)、十月十四日から三月一日まで、ピラミッドの北面は、日がささず暗いのだと割り出した。

ならば、十月十四日と三月一日に、なにか意味が隠されているのだろうか。

古代エジプトの太陽暦は、元日を夏至に置いている。すなわち六月二十一日で、高水期が百二十日続く。そして、次の耕作期の元日がやってくる。それが、十月十九日で、その五日前が十月十四日だったのだ。耕作期がやってくることを、五日前に知ることができれば、いろいろな準備ができたということだろう。また、エジプトの暦は、一月が三十日で、一年で五日足りない。だから、ここが調整の五日だったのかもしれないと藤芳義男は言う。その上でピラミッドの目的を「農耕の大改革に必要な太陽暦日測定用のものであった」(前掲書)とする。興味深い指摘だと思う。

さらにこの現象に「太陽信仰」まで加えると、ここには「再生への祈り」が含まれていたように思えるのだ。これは、古墳にもいえることだろう。

太陽に託した死と再生の祈り

古墳には、日本人の再生の思想が織り込まれているように思えてならない。前方後円墳の話なのにピラミッドを持ちだしたのは、前方後円墳と太陽信仰のつながり、太陽信仰の中に隠された死と再生の祈りについて、考えておきたかったからだ。

ただし、その話をする前に、もう少し藤芳義男の主張に、耳を傾けておこう。エジプトのピラミッドに限らず、イギリスのストーンヘンジやフランスはカルナックの大列石、マヤのピラミッド、インドネシアのボロブドール、インドのエローラ、イースター島のモアイなど巨石建造物は、太陽を観測し、春分、秋分、夏至、冬至の四節を、農民に知らせてきたという。太陰暦は、月の満ち欠けがそのまま暦になったが、一年は十二ヵ月と十一日となり、「いつ種を播《ま》けばよいか」など、農耕民にとっては、不都合なことが出てきたというのだ。農耕が始まって、太陽暦が必要となったというわけだ。

日本にも、すでに縄文時代に環状列石《かんじょうれっせき》が存在したが、弥生時代には、銅鐸が太陽観察に用いられていたらしい。これは想像していなかったことだ。

銅鐸は二つの円弧を合わせた形で、同じ高さに四つの孔があいている。対角線を引いて、裏側の孔を見ると、角度は二九度になっている。そこで銅鐸を、東西正しく据え、孔を覗き込むと、ちょうど対角線上に、冬至と夏至の日の出、日の入りが観測できる。東西の孔を覗けば、春分、秋分（彼岸）の日の出、日の入りが観測できるのだ。

謎めく明日香の酒船石《さかふねいし》（酒匂石《さかおいし》）も、銅鐸とほぼ同じ原理だという。三本の線条が刻まれ、中央のラインに対し、南北の二本は、二九度の角度で広がっている。これは、銅鐸の角度と同じだ。

ただ問題は、中央のラインが、まっすぐ東西を向いていないことだ。正確に東西なら、二股に分かれる二本のライン上に、夏至と冬至の日没が観察できる。ところが、主軸が、一二・五度、南に傾いている。これは恣意的だったようで、この角度から分かるのは、春の土用中日の夕日と秋の土用明けの夕日だという。これは、籾《もみ》播《ま》きと大いにかかわっている。

なるほど、農業と暦の関係は強かっただろう。ただ、太陽信仰には、もうひとつの要素があったはずだ。日は沈み、日は昇る。太陽は、死と再生のシンボルだと思う。一日のサイクルだけではなく、冬至、春分、夏至、秋分と、一年のサイクルをへて、冬至の日に、太陽はもっとも弱まる。そして、必ず再生し、夏至になってもっとも長い時間照り続け、最も高く、天球を回る。ここに、古代人の死と再生の信仰が隠されている。

日本のストーンサークルも、太陽信仰と関わっていたことが分かっている。大湯《おおゆ》環状列石（秋田県鹿角市《かづの》）が代表例だ。標高一七〇メートルの河岸段丘（風張《かざはり》台地）に、縄文後期の二つのストーンサークルがみつかっている。東側の野中堂《のなかどう》環状列石（直径四四メートル）と、西側に隣接する万座《まんざ》環状列石（直径五二メートル）だ。どちらも内帯と外帯の二重環状になっている。

ただし、イギリスのストーンヘンジを想像して行くとがっかりする。巨石が並んでいるわけではなく、おおよそ三〇キログラム前後の丸みを帯びた石がずらりと並べられているのだ。七キロ離れた安久谷《あくや》川の川原石だ。

二つの環状列石に造られた「日時計《ひどけい》遺跡」を結ぶと、夏至の日没に向かって伸びて行く。縄文人は本格的な農耕をはじめていなかったが太陽暦を強く意識していたことが分かる。

ほかにもよく似た例がある。縄文早期末葉から前期初頭の極楽寺《ごくらくじ》遺跡（富山県中《なか》新川郡上市町《にいかわかみいち》）は玉作《たまつくり》遺跡として名高いが、大日岳《だいにちだけ》山頂から、冬至の朝日が昇ってくる。

縄文人は、祖先祭祀をしていたのだろうとする説があり、また、縄文人は季節ごとに異なる食材を獲得していて、旬の食材を効率的に採集していたという。これが縄文カレンダーで、そのためのスケジュール作りが必要だったとする考えもある（小林達雄『縄文人の世界』朝日新聞社）。

それもそうかもしれないが、もっと大切だったのは、やはり死と再生をめぐる祈りではあるまいか。

太陽神と巫女の聖婚は再生の呪術

神話のクライマックスのひとつに、天石窟戸《あまのいわやと》神話がある。『日本書紀』には、次のようにある。

スサノヲの乱暴狼藉《ろうぜき》に驚いたアマテラス（太陽神）は、天石窟に入ってしまった。国中が闇となり、昼と夜の違いも分からなくなってしまった。八十万《やそよろず》の神々が天安河辺《あまのやすのかわら》に集まり、解決策を練った。常世《とこよ》の長鳴鳥《ながなきどり》を集め長鳴きさせ、手力《たぢから》雄神《おのかみ》を磐戸の脇に立たせ、中臣連《なかとみのむらじ》の遠祖・天児屋命《あめのこやねのみこと》と忌部《いんべ》氏の遠祖・太玉《ふとたまの》命《みこと》が八咫鏡《やたのかがみ》などの神宝を携え、祈禱した。また、猨女君《さるめのきみ》の遠祖・アマノウズメ（天鈿女命《あまのうずめのみこと》）が天石窟の前に立ち、巧みに俳優《わざおき》をした。庭火を焚き、桶を伏せ、神がかり（憑依《ひょうい》）した。アマテラスは、「私が天石窟に籠もり、外は長い夜が続いているはずなのに、なぜアマノウズメは喜び楽しんでいるのか」と、不審に思い、そっと磐戸を開いて覗いてみる。すると、待ち構えていた手力雄神が、アマテラスの手を取って引きずり出したのだった。

『古事記』の場合、アマノウズメ（天宇受売命）は、神がかりして胸乳《むなち》をはだけ、裳《も》の紐《ひも》をホト（女陰）までおし垂らしたとある。

アマノウズメが陰部を露出するのは、邪鬼を祓《はら》う呪術と考えられている。

土偶や埴輪には、男女の性器が描かれる例が少なくない。性器を露出することは、再生の呪術と信じられていたようだ。

しかし、アマノウズメは、むやみやたらに脱いでいるわけではない。ひとつのパターンがある。

たとえば、天孫降臨神話の中で（『日本書紀』神代下第九段一書第一）、天八達之衢《あまのやちまた》で待ち構えていたサルタヒコの前で、やはり脱いでいる。胸乳を露わにし、裳帯《もひも》を臍《ほぞ》の下に垂らし、大笑いした。かたやサルタヒコは鼻が長く、口と尻が明るく、目は八咫鏡のようで照りかがやいていた。これは、太陽神の属性だ。

アマノウズメは「太陽神（アマテラスやサルタヒコ）の前でヌードを披露する」のだから、ただの呪術ではない。

『日本書紀』はアマテラスを女神と言うが、実際には男神だったことは、他の拙著の中で繰り返し述べてきた。アマノウズメはヌードを披露し、太陽神を誘惑し、結ばれ、太陽神の復活（再生）を祈ったのだろう。これも、死と再生の呪術であり、これは、聖婚の神話と考えられる。神と巫女、天皇と女性が性的につながる（聖婚）ことによって、再生の呪術になったのだろう。

『日本書紀』允恭《いんぎょう》七年十二月一日条に、「新室《にいむろ》（新しい宮殿）で宴をした」という記事があるが、これは「聖婚」の話ではないかと疑われている。皇后が舞い終えて、礼儀の次第を申し上げなかった。この時代、舞う人は必ず上位の者（ここでは天皇）に「娘子《おみな》を奉ります」と、申し上げることになっていた（と、『日本書紀』に書いてある）。皇后はやむなく、もう一度舞い、妹を差し出した。このあと妹は拒み、一悶着あるのだが、ここではそれは無視する。

問題は、「新室」が何を意味しているのかということで、新しく宮を建てたということではなく、日付は太陽のもっとも弱まる時期であり、これは新嘗祭《にいなめさい》であろう。天皇が一夜妻（ヒルメ、未婚の童女、神聖処女）と聖婚をするというのが、物語の前提になっていると考えられる。

ちなみに、伊勢内宮に祀られる天照大神に、天皇の身内の女性が斎王として捧げられたが、斎王は未婚の女性の中から選ばれ、任を解かれた後も、原則として結婚はしなかった。それはなぜかといえば、天照大神（男神）と結ばれるからと、考えられていたからである（拙著『伊勢神宮の暗号』講談社＋α文庫）。

神話の中で「女神のホト（陰部）」はいくつも記録されている。イザナミは火の神・軻遇突智《かぐつち》（迦具土神《かぐつちのかみ》）を生んだとき、ホトを焼いて命を落とす（『古事記』）。古代の発火は、棒を立てた火鑽臼《ひきりうす》を用いる。火鑽臼は、女陰（ホト）に見立てられる。ホトから火を吹くイメージで、これが神話になったのだろう。ホトと火から生まれた軻遇突智は、稚産霊《わくむすひ》を生み、この神の頭に蚕と桑がなり、臍《へそ》の中に五穀が実った（『日本書紀』神代上第五段一書第二）。この説話は、新嘗祭をモチーフにしていると言われていて、ホトを焼く神話は、冬至の再生の祭りとつながっている。ホトは火や日が出たり入ったりする門であり、ここを露わにすることも、太陽を再生させる呪術なのだ。

人間は女性の子宮で生を享けて、生きて、死ぬと、墓に埋められる。その墓も、母の胎内によく似ていて、やがて再生するのだと、古代人は信じていたようだ。洞窟も古墳も、ホトではないかと、民俗学者は考える。古墳の横穴石室と長い羨道《せんどう》は、まさに胎内そのものだ。

物部氏の太陽信仰

太陽信仰をめぐる死と再生の呪術は、天皇家だけのものではない。

物部氏の祖のニギハヤヒは、『先代旧事本紀』の中で「天照国照彦天火明櫛玉《あまてるくにてるひこあめのほあかりくしたま》饒速日尊《にぎはやひのみこと》」と呼ばれている。ニギハヤヒは太陽神だったのだ。

『日本書紀』神話の「天照」といえば、天皇家の祖神だから、天照大神が唯一の日本の太陽神というイメージが強いが、それぞれの集落に、いろいろな太陽神は存在していたはずなのだ。だから、物部氏の祖に「天照」の二文字がつけられても、なんら不思議はないし、事実、物部氏は積極的に太陽神を祀っていた。

奈良県の代表的な物部系の神社・石上《いそのかみ》神宮から見て、夏至の太陽は、生駒山山頂に沈む。

現在の大坂城のすぐ南側に、難波宮跡が見つかっているが、かつてこのあたりは半島で、大坂城には、古くはニギハヤヒを祀る磐船《いわふね》神社が鎮座していたという。ここはもともと物部氏の拠点だったのだ。その真東には草香《くさか》山があって、大坂城から見て、春分、秋分の太陽は、草香山から登る。山麓の日下《くさか》の地も、物部氏の勢力圏だ。その草香山は別名は饒速日《にぎはやひ》山で、饒速日山の大阪側の麓が「日下」であり、饒速日命は天磐船に乗って舞い降りたとき、「日本国」と名付けている。「太陽の下（日本）の国」だ。物部氏が太陽信仰を意識していたことがわかる。

饒速日命は磐船に乗ってヤマトに舞い下りたが、神話の世界で蛭子《ひるこ》（太陽の子）も、船に乗せられている。日神や日神の子は、船に乗るという属性がある。

エジプトでも、太陽と船は、密接な関係にあった。ギザの大ピラミッドの脇から、クフ王の船が二隻みつかっている。「太陽の船」とも呼ばれ、エジプトの太陽信仰と関わっていたのではないかと疑われていた。ただし、水辺で実際に使用していた痕跡がみつかり、これらの船が実用品であった可能性も出てきた。しかし、わざわざピラミッドの脇に埋めたとなれば、何かしらの意味が隠されていたのだろう。船は古代エジプト人にとって重要な移動手段であり、ファラオ（エジプトの王）が船に乗り、永遠に航行するという観念があったと考えられている。

また、古代エジプト人は、ラー（太陽神）が船に乗っていると信じた。日の出から日没まで、昼の船に乗って天空を東から西に向かって航行し、夜になると、夜の船に乗って西から東に移動していると考えた。昼夜の二艘の船が想定されていたわけで（『ファラオと死者の書』吉村作治　小学館ライブラリー）、ギザのピラミッドから二艘の船が発見されたのは、やはり太陽信仰と深くかかわっているのではなかろうか。

日本でも、船は、死と再生の乗り物だ。『古事記』に次の説話が載る。応神天皇は九州で生み落とされたあと瀬戸内海を東に向かうが、ヤマトには政敵がいて、待ち構えていた。そこで母・神功皇后は喪船《もふね》（葬送のための船）を用意し、御子《みこ》（応神）を乗せ、「御子はすでに亡くなった」と噂を流したとある。これは、敵を欺く策だったが、喪船は日神や日神の子を乗せて棄て、漂着する蛭子神話と同じで、死と再生をイメージしている。

伊勢神宮の神体の鏡を納める容れ物は船の形（御船代《みふなしろ》）で、船の形は古墳の石棺にも用いられている。なぜ船かといえば、エジプトと同じように、船が神や貴人を運び、死と再生の観念とつながっていたからだろう。

古墳がそこに造られた意味

なぜピラミッドや太陽信仰にこだわったかというと、古墳にも、太陽信仰や死と再生の信仰が反映されているのではないかと思えてくるからだ。そして、これまでの考えにとらわれたままでは、古墳やヤマトの古代史を解き明かすことはできないと、言いたいのである。

一方、斬新なアイディアで、古墳や古代史の謎を解き明かそうとする人たちは、少なからず存在する。

たとえば、大和岩雄《おおわいわお》は、市井の歴史研究家だが、地道な努力によって、史学界にも一目置かれている人物だ。その大和岩雄は、史学界が見向きもしないような、藤芳義男（やはり、門外漢だ）の研究を取りあげ、新たな推理を働かせている。この柔軟な発想は、史学者も取り入れるべきだ。

そして、もうひとつ史学者に無視されたまま、ほとんど忘れられてしまった大切な研究がある。それは、渋谷茂一《しぶやしげかず》の『巨大古墳の聖定』（六興出版）だ。

神社仏閣と異なり、古墳は造営当時からまったく動いていない。だから、前方後円墳や古墳の置かれたその位置に、何か意味があるのではないかと、コンピュータを駆使して電算処理し、「聖定された理由」を探り当てようとしたのだ。

その結果、古代の測量技術の水準が想像以上に高かったこと、「光学器械の助けを借りないばあいの現代の技術水準にけっして劣らない」ことが分かったという。そして、それぞれの古墳や霊山などが、「幾何学的な位置決定原則によって正確に定められている事実」をつかんだのだった。

なぜ渋谷茂一の著書が話題にならなかったのかと言えば、「話が大きすぎた」からではなかろうか。たとえば、房総半島の内裏塚《だいりづか》古墳（千葉県富津《ふっつ》市。前方後円墳）から富士山火口、伊吹山を貫くラインを延長すると、出雲大社に行き着くという指摘や、鹿島神宮から富士山をつなぐラインは、吉野宮に結ばれていると聞かされても、「眉唾《まゆつば》」と思われてしまうのだろう。

フツヌシを祭る「香取神宮」は、「鹿島神宮」の正南西〈誤差〇・二度〉で、「伊勢外宮」から「出雲大社」と等距離の点〈誤差〇・一％〉にある。

という話も、これまでの常識では考えられない事態であると共に、史学界では、「大御所が採点しようがない問題にはノータッチ」という悪弊がある（これは、学問全体の問題かもしれないが）。

古代人は、高度な測量技術を駆使して、古墳や神社の位置を決めていたのだ。たとえば伊勢神宮は天武持統朝に今の形に整えられたと考えられているが、伊勢内宮、伊勢外宮、伊勢斎宮《さいくう》は、いろいろな場所と関わりのある場所だったことが渋谷茂一の研究で分かってきた。

内宮や外宮が整えられる以前の伊勢の社は斎宮だったと思われるが、斎宮は三輪山山麓の檜原《ひばら》神社と等緯度線上に置かれている。内宮は同じように葛城山と等緯度線上にある。伊吹山から伊勢内宮、大神《おおみわ》神社までの距離が同じで、伊勢内宮から熱《あつ》田《た》神宮（愛知県名古屋市）と吉野宮までの距離が同じ。耳成山《みみなしやま》と生駒山を結んだ距離が、生駒山から大仙陵古墳までの距離と同じ。（これは大きすぎる話だが）諏訪大社（長野県諏訪市）から沖ノ島（福岡県宗像市）の沖津宮と西都原《さいとばる》古墳群（宮崎県西都市）の女狭穂塚《めさほづか》古墳までの距離が同じ。諏訪上社本宮と熱田神宮を結ぶと、その延長線上に吉野宮が乗ってくる、などなど、古代人の定めた聖点が、有機的につながっていたことが分かってくるのだ。

「だから、なんなのだ」

と思われるかもしれない。もちろん、これらの幾何学紋様が、どういう意図で結ばれていったのか、それはこれからわれわれが考えていく必要がある。しかし、これらの古代人の執念を、笑殺し、無視してよいのだろうか。

ただひとつ言えることは、古代人が「そこに古墳を造った意味」は、必ずあったということだ。そして、古墳の位置と方位を再確認してみると、意外な事実が浮かび上がってくる。

前方後円墳の原型は太陽信仰のために造られた?

纒向遺跡最古の古墳は石塚古墳と考えられているが、この古墳の中心軸を延長していくと、前方部側の東南東は三輪山山頂に、後円部側の西北西は鏡作坐天照御魂《かがみつくりにますあまてるみたま》神社(奈良県磯城《しき》郡田原本町《たわらもとちょう》)に至る。石塚古墳から見やると、立春の日の出は三輪山頂から、冬至の日の出は、三輪山の三二六メートルの標高点から出る。これは、稜線の途中の膨らみをもった部分だ。

さらに、纒向の四つの古墳(石塚、矢塚、勝山、大塚)と神社から三輪山山頂の日

纏向の石塚古墳（奈良県桜井市）

の出と日の入りを観測すると、冬至・夏至、春分・秋分、立春・立夏・立秋・立冬の暦が割り出せるという。

　このような観測は、纏向遺跡ができるよりも早く、唐古《からこ》・鍵《かぎ》遺跡（田原本町）の弥生人がすでに行っていたことも分かっている。しかも、銅鐸を造っていた唐古・鍵遺跡の工人たちが、ヤマト建国後鏡を造るようになり、鏡作《かがみつくり》氏を名乗っていく。

　鏡は太陽神そのものと考えられていた。『古事記』の天孫降臨神話の場面で、天児屋命《あめのこやねのみこと》から五人の部族の長の神がニニギに寄り添い降臨したが、この時天照大神を天石窟から招きだした八尺《やさか》の勾玉《まがたま》と鏡、そして草薙剣《くさなぎのつるぎ》を添えたとあり、天照大神は「この鏡は、もっぱら私の御魂《みたま》として祀るように仕えなさい」と教えたとある。

ただし、だからといって唐古・鍵遺跡の人々が纏向に移ってヤマトを建国したのかというと、ここには大きな疑念が浮かび上がってくる。彼らの観測ポイントと纏向遺跡の古墳の位置が、強い因果で結ばれていることは、間違いない。けれども、外からやってきた人々が、唐古・鍵遺跡の人々の知識を取り入れ、纏向に太陽暦を観測するためのポイントを定めていったにちがいないのだ。

ところで、石塚古墳や勝山古墳から、埋葬施設がみつかっていない。そこで、本当にここが墓なのかどうか、よく分かっていないのだ。纏向遺跡に最初期にできた「前方後円墳の原型」が墓ではないとなると、これをどう考えればよいのだろう。何やらピラミッドの謎に似てきてしまった。もちろん、今後発掘が進み、埋葬施設がみつかる可能性もあるのだが……。

石塚古墳の中軸線は三輪山山頂に向かっていたが、勝山古墳の中軸線は、竜王《りゅうおう》山《さん》山頂の夏至の日の日の出の方位に当たっている。石塚古墳も勝山古墳も、前方部側に聖山と朝日を拝むが、巨大古墳の場合まったく逆の方向、すなわち、後円部を通して拝む。特に、纏向・柳本《やなぎもと》古墳群の巨大古墳は、その後円部側に延ばした中軸線が聖山に向いている（たとえば箸墓の場合、前方部から後円部側への中軸線上に、三輪山と並ぶ信仰の山・斎槻岳《ゆつきがたけ》があり、さらに、前方部から見て、中軸線から左一五度に竜王山が、右三〇度に三輪山山頂が位置する。くどいようだが、石塚古墳の場合、後円部から前方部の延長線上に、三輪山が位置する）。ここに、石塚古墳や勝山古墳と前方後円墳の大きな違いがあり、大和岩雄は石塚、勝山の後円部は墳丘ではなく、聖なる山の冬至、夏至、立春、立冬、春分、秋分の日の出を拝する場所で、天文観測と祭天儀礼の場とする（『天照大神と前方後円墳の謎』六興出版）。

このように、初期ヤマト政権の中心的存在の前方後円墳は、中軸線を聖山に向けているが、周辺の前方後円墳は、東西南北の方位を選択していたことがわかる。ただし、これらの後円部から観測すると、聖山の頂から日が昇る立地を選んでいるという。

なぜ古代日本人は、そこまで、「日の出」にこだわったのだろう。それはおそらく、日は昇り、日は沈み、太陽は生まれて死に、また蘇ることをくり返し、そこに人生観、宇宙観をわれわれの先祖が感じていたからだろう。日本は、「日の本の国」であり、お天道《てんとう》様の国なのだ。

前方後円墳は、ただ単に首長霊の受け渡しをし、先祖の霊を祀っていただけではなく、縄文時代から継承されてきた太陽の死と再生をめぐる信仰に染まっていたということだろう。その原理を誰もが知っていたから、みなで巨大古墳を造営し続けたにちがいないのだ。

前方後円墳が示していたのは、そうした、根深い太陽信仰の痕跡と、古代人の知恵なのだと思う。

また、巨大古墳造営によって民が搾取されていたわけではないこと、それどころか、古墳時代を代表する豪族物部氏は、改革事業のために、古い体質から脱皮し、身を削る損な役回りを率先して行っていたことがわかってみると、巨大古墳の見方も変わってくる。物部氏は「民のため、未来の日本のために」と、前方後円墳造営をやめ、国のために土地と民を手放していたのだ。その遺業を今に伝えるモニュメントとして、前方後円墳を見つめ直せば、古代人のすがすがしさに、頭が下がるのである。

なぜ、われわれの御先祖様たちは、遺骸を白骨化させてきたのだろう。本文で述べたように、死穢《しえ》への恐れが大きな理由だっただろう。そしてもうひとつ、魂の浄化が大きな意味を持っていたにちがいない。これは生と死の循環の中の一コマだが、もう一歩踏み込むならば、遺骸は神への捧げ物ではなかったか。

生きている人間を神に捧げる「生贄《いけにえ》」は、珍しくなかった。たとえば日向からヤマトに向かった神武天皇は、暴風に見舞われ、神武の兄たちは海に身を投げ、神の怒りを鎮めようとした。ヤマトタケルが走水《はしりみず》（神奈川県横須賀市）から房総半島に渡るとき、キサキの弟橘媛《おとたちばなひめ》が、海に身を投げ、生贄になった。野蛮に思えるかもしれないが、生贄は日本の風俗に根づいていたのだ。

「魏志倭人伝」にも、倭人の生贄にまつわる記事が載る。中国にいたる長い航海の間、倭人は「持衰《じさい》」なるものを同乗させた。髪をとくことも許されず、服は汚れたままにし、肉を与えず、婦人を近づけず、葬儀の時のような状態にする。うまく目的地にたどり着けば褒美を与え、もし途中で病人が出たり暴風雨などに遭った場合は、殺してしまったとある。これも、人身御供《ひとみごくう》だ。

太古の記憶と鼻で笑うことなかれ、中世まで人身御供が行われていた可能性は高いし、「地方によっては、近世にもあったのではないか」と疑われもしている。

また、嘘か誠か、「私の故郷では、戦後になっても、密かに人身御供の習慣があった」という話を聞いたことがある（どこまで本当のことか分からないが）。

古代日本人は、命と肉体を神に捧げても、再生すると信じていたから、それは名誉なことと考えたのだろう（もちろん、「死にたくない」「この子を殺したくない」と訴える者もいただろうが、現代人の物差しで判断すべきではないと思う）。そうであるならば、屍も、霊鳥や霊獣に食べさせ神に捧げることで、神をなだめすかし、天災や疫病から免れると信じていたのではあるまいか。

なお今回の執筆にあたり、講談社企画部の新井公之氏、歴史作家の梅澤恵美子氏に御尽力たまわりました。改めてお礼申し上げます。

合掌

【参考文献】

＊『古事記　祝詞』日本古典文学大系（岩波書店）
＊『日本書紀』日本古典文学大系（岩波書店）
＊『風土記』日本古典文学大系（岩波書店）
＊『萬葉集』日本古典文学大系（岩波書店）
＊『続日本紀』新日本古典文学大系（岩波書店）
＊『魏志倭人伝・後漢書倭伝・宋書倭国伝・隋書倭国伝』石原道博編訳（岩波書店）
＊『旧唐書倭国日本伝・宋史日本伝・元史日本伝』石原道博編訳（岩波書店）
＊『三国史記倭人伝』佐伯有清編訳（岩波書店）
＊『先代舊事本紀訓註』大野七三校訂編集（新人物往来社）
＊『日本の神々』谷川健一編（白水社）
＊『神道大系　神社編』（神道大系編纂会）
＊『古語拾遺』斎部広成撰　西宮一民校注（岩波文庫）
＊『藤氏家伝　注釈と研究』沖森卓也・佐藤信・矢嶋泉（吉川弘文館）
＊『日本書紀』新編日本古典文学全集（小学館）
＊『古事記』新編日本古典文学全集（小学館）
＊『古事記伝』本居宣長（岩波文庫）
＊『復元と構想　歴史から未来へ』加藤秀俊・川添登・小松左京監修　大林組編（東京書籍）
＊『王陵の考古学』都出比呂志（岩波新書）
＊『神と死者の考古学』笹生衛（吉川弘文館）
＊『前方後円墳と弥生墳丘墓』近藤義郎（青木書店）

*『日本人の信仰』梶村昇（中公新書）
*『柳田國男全集 13』柳田国男（ちくま文庫）
*『水と祭祀の考古学』奈良県立橿原考古学研究所附属博物館編（学生社）
*『大嘗祭』吉野裕子（弘文堂）
*『巨大古墳の世紀』森浩一（岩波書店）
*『日本古代王朝史論序説』水野祐（早稲田大学出版部）
*『農業は人類の原罪である』コリン・タッジ 竹内久美子訳（新潮社）
*『前方後円墳と吉備・大和』近藤義郎（吉備人出版）
*『前方後円墳の世界』広瀬和雄（岩波書店）
*『古代翡翠文化の謎』森浩一編（新人物往来社）
*『葬儀の民俗学』筒井功（河出書房新社）
*『講座日本の神話12 日本神話と考古学』「講座日本の神話」編集部編（有精堂出版）
*『古代史研究 4 古墳とその時代 2』古代史談話会編（朝倉書店）
*『日本人の死生観』五来重（角川選書）
*『日本の古代 13 心のなかの宇宙』大林太良編（中央公論社）
*『日本の歴史02 王権誕生』寺沢薫（講談社）
*『白鳥伝説』谷川健一（集英社文庫）
*『古代日本正史』原田常治（同志社）
*『折口信夫全集 第三巻 第二〇巻』折口信夫（中公文庫）
*『前方後円墳国家』広瀬和雄（角川選書）
*『ピラミッドを探る』クルト・メンデルスゾーン 酒井傳六訳（法政大学出版局）

＊『ピラミッドへの道』大城道則（講談社選書メチエ）
＊『出雲世界と古代の山陰』瀧音能之（名著出版）
＊『出雲の古代史』門脇禎二（NHKブックス）
＊『神社と古代王権祭祀』大和岩雄（白水社）
＊『パンツを捨てるサル』栗本慎一郎（光文社）
＊『「前方後方墳」出現社会の研究』植田文雄（学生社）
＊『続・神々の体系』上山春平（中公新書）
＊『東国から読み解く古墳時代』若狭徹（吉川弘文館）
＊『前方後円墳の時代』近藤義郎（岩波書店）
＊『出雲大社』千家尊統（学生社）
＊『古墳のはじまりを考える』金関恕・森岡秀人・森下章司・山尾幸久・吉井秀夫（学生社）
＊『天皇陵の謎を追う』矢澤高太郎（中公文庫）
＊『天皇陵を発掘せよ』石部正志・藤田友治・古田武彦編著（三一書房）
＊『巨石文化と太陽暦の謎』藤芳義男（新國民社）
＊『ファラオと死者の書』吉村作治（小学館ライブラリー）
＊『縄文人の世界』小林達雄（朝日新聞社）
＊『巨大古墳の聖定』渋谷茂一（六興出版）
＊『天照大神と前方後円墳の謎』大和岩雄（六興出版）

関 裕二―1959年、千葉県柏市生まれ。歴史作家。著書に、『台与の正体』(河出書房新社)、『古代史謎解き紀行』シリーズ(新潮文庫)、『ヤタガラスの正体』(廣済堂新書)、『捏造された神話　藤原氏の陰謀』(KKベストセラーズ)、『百済観音の正体』(角川ソフィア文庫)、『なぜ日本と朝鮮半島は仲が悪いのか』(PHP研究所)、『新史論 書き替えられた古代史』シリーズ(小学館新書)、『伊勢神宮の暗号』『出雲大社の暗号』『東大寺の暗号』(以上、講談社+α文庫)などがある。

講談社+α文庫 前方後円墳《ぜんぽうこうえんふん》の暗号《あんごう》

関《せき》 裕二《ゆうじ》

2017年 1月19日第 1 刷発行

発行者――――鈴木 哲
発行所――――株式会社 講談社
東京都文京区音羽2-12-21 〒112-8001
電話 編集(03)5395-3522
販売(03)5395-4415
業務(03)5395-3615
デザイン―――鈴木成一デザイン室
カバー印刷――凸版印刷株式会社
印刷――――慶昌堂印刷株式会社
製本――――株式会社国宝社
写真――――泣き虫/ PIXTA

落丁本·乱丁本は購入書店名を明記のうえ、小社業務あてにお送りください。
送料は小社負担にてお取り替えします。
なお、この本の内容についてのお問い合わせは
第一事業局企画部「+α文庫」あてにお願いいたします。
Printed in Japan ISBN978-4-06-281704-2
定価はカバーに表示してあります。